Enrichissez votre capital relationnel

TIME
LIFE

CUISINES RÉGIONALES DE FRANCE
LA PUISSANCE DU MENTAL
À LA DÉCOUVERTE DE L'ÊTRE HUMAIN
LES GRANDES TRADITIONS CULINAIRES
J'APPRENDS EN M'AMUSANT
GRANDES CIVILISATIONS DU PASSÉ
MES LIVRES PRÉFÉRÉS
VOYAGE À TRAVERS L'UNIVERS
LES ENFANTS DÉCOUVRENT...
CHEFS-D'ŒUVRE DE LA PEINTURE
LES MYSTÈRES DE L'INCONNU
TIME-LIFE HISTOIRE DU MONDE
PEUPLES ET NATIONS
LA PLANÈTE TERRE

LA PUÍSSANCE
DU MENTAL

Enrichissez votre capital relationnel

ÉDITIONS TIME-LIFE
Amsterdam

MINDPOWER

Created, edited, and designed by DK Direct Limited,
23-24 Henrietta Street, London WC2E 8NA

A DORLING KINDERSLEY BOOK

DK DIRECT LIMITED

Managing Editor Jane Laing
Senior Editor Sue Leonard
Editor Claire Calman

Managing Art Editor Ruth Shane
Art editor Sarah Crosbie
Designers Piers Tilbury, Sue Caws

Editorial Director Jonathan Reed
Design Director Ed Day
Production Manager Ian Paton

Editorial Consultants Reg Grant, Sarah Litvinoff
Contributors Viva Adamoli, Claire Calman, Julia Cole,
Sarah Litvinoff, Laura Marcus, Ruth Shane, Kate Swainson

ÉDITION EUROPÉENNE
Design Director Mary Staples
Editorial Production Emma Wishart
European edition edited by Ellen Phillips

ÉDITION FRANÇAISE
Direction: Dominique Aubert
Assistants d'édition: Monique Gélard, Pierre Coët
Composition: Tifinagh, Paulette Poussin

Traduit de l'anglais par Paule Bolo
Titre original du volume: *Enjoy Satisfying Relationships*
Titre original de la collection: *Mindpower*

First Time-Life French language edition 1995
ISBN 2-7344-0725-6
TIME-LIFE is a trademark of Time-Warner Inc., U.S.A.

Imprimé par GEA, Milan, et relié par GEP, Crémone, Italie
Dépôt légal : mai 1995

30 29 28 27 26 25 24 23 22 21 20 19 18 17 16 15 14 13 12 11 10 9 8 7 6 5 4 3 2 1

SOMMAIRE

INTRODUCTION

POUR BEAUCOUP D'ENTRE NOUS, peu de choses procurent un plaisir égal à celui que peuvent nous donner les relations que nous entretenons au sein du couple, avec les membres de la famille, avec nos amis et nos collègues, sans oublier celles, fugitives, qui nous lient quelques instants avec qui croise notre chemin. Autant nos relations avec les autres peuvent nous toucher, autant elles peuvent aussi être source d'anxiété, de frustration, de désarroi. Ainsi, vous-même, que retirez-vous de toute la richesse potentielle qu'elles recèlent ? Et comment atténuez-vous la souffrance qu'elles peuvent entraîner ?

Ce présent ouvrage a pour ambition de vous guider dans l'exploration de votre champ relationnel. Le premier chapitre présente les différents degrés – qui ont chacun leur importance – des relations amicales, depuis celle que vous entretenez avec de simples connaissances que vous rencontrez de temps à autre et avec qui vous échangez quelques plaisanteries à celle qui vous lie à l'ami intime qui partage toutes vos pensées. En étudiant comment se structure votre réseau, vous découvrirez peut-être que vous n'en aviez jamais mesuré toute l'importance et déciderez d'y apporter quelques améliorations.

Au cœur de ce réseau, les amours donnent de merveilleuses satisfactions, mais elles peuvent aussi être à l'origine de frustrations, voire de détresse. Le deuxième chapitre en examinera les raisons. Qu'est-ce que l'amour ? Y a-t-il une définition immuable pour tous ou chacun l'éprouve-t-il de façon différente ? Bien qu'il n'y ait pas de règles établies qui permettent de régir le devenir des relations amoureuses, il est néanmoins possible de comprendre pourquoi il y a compatibilité entre telle et telle personne et pourquoi d'autres liaisons s'avèrent désastreuses. Ce chapitre vous aidera à passer en revue vos amours

passées – leurs forces et leurs faiblesses – pour comprendre ce que, dans la vie de couple, vous attendez vraiment de l'autre et comment vous pouvez orienter vos choix futurs. Lorsque vous vous engagez dans une liaison, à quel point vous connaissez-vous l'un l'autre ? Communiquez-vous de manière satisfaisante ? Lorsque se pose à vous un problème délicat, le traitez-vous avec réflexion et diplomatie ou réagissez-vous d'une façon qui entraîne la colère ou les reproches ? Il est possible de contrôler son comportement en cas de conflit et de cesser de prendre toute différence d'opinion pour une insulte personnelle.

Le chapitre suivant vous permettra d'enrichir vos relations en vous donnant les moyens de mieux vous comprendre l'un l'autre et d'améliorer vos aptitudes en matière de communication. Avec un peu d'attention, une relation saine doit surmonter les désaccords et même en sortir plus profonde et plus solide.

Notre siècle, que l'on croit éclairé, nourrit encore bien des mythes et des tabous dans le domaine sexuel. Le dernier chapitre vous permettra de mesurer vos connaissances en la matière. Il vous indiquera comment l'on peut exprimer clairement ses désirs, sans heurter son partenaire, afin d'avoir la vie sexuelle la plus épanouie possible, que l'on vive une liaison déjà ancienne ou que l'on s'engage dans une nouvelle relation.

Enrichissez votre capital relationnel vous permettra de repérer les zones d'insatisfactions possibles afin que vous y portiez remède en vous inspirant des relations satisfaisantes et équilibrées que vous entretenez déjà. Il vous guidera pour établir avec les autres des relations saines et enrichissantes, qu'il s'agisse d'une vague connaissance ou de votre ami le plus cher. Commencez par mesurer la qualité de votre réseau en en dressant le schéma présenté dans les pages qui suivent.

DRESSEZ LE SCHÉMA DE VOS RELATIONS

À QUEL POINT êtes-vous proche des gens qui vous entourent ? Quelle image avez-vous des relations que vous entretenez avec eux ? Sont-elles comme vous le souhaitez ou voudriez-vous être plus intime avec certaines personnes, plus distant avec d'autres ?

Les relations semblent souvent faites d'impondérables et il est difficile de cerner ce qui cause frustration et malaise. Dresser le schéma de vos relations vous aidera à déterminer celles qui gagneraient à être consolidées et celles qui vous envahissent et dont vous voudriez réduire l'intensité. Pour vous familiariser avec ce qu'est un tel schéma et son fonctionnement, regardez attentivement les exemples proposés pages suivantes, lisez les commentaires qui les accompagnent et qui émanent de leur auteur et d'un psychologue.

Élaborez votre propre schéma

Dessinez une série de cercles concentriques et placez-vous au centre. Pensez maintenant à toutes les personnes avec lesquelles vous estimez entretenir une quelconque relation – compagne ou compagnon, famille, amis, collègues, ou autres. Placez sur ce même schéma et au plus près de vous ceux et celles qui vous sont les plus proches.

Par exemple, apparaîtraient au centre, près de vous, ou dans le premier cercle, votre conjoint ou vos enfants, tandis que des parents plus éloignés – ou votre patron – se trouveraient sur un cercle plus extérieur. Il n'y a ni bonnes ni mauvaises structures : l'objectif est de mettre en lumière la façon dont vous percevez votre relation avec chacun. Oubliez ce que ces relations, selon vous, devraient être, ou ce que vous voudriez qu'elles soient ; ne vous souciez pas non plus de ce que ces personnes ressentent à votre égard. Notez simplement combien chacun ou chacune d'elles vous est proche.

Une fois ce travail achevé, demandez-vous quelles sont celles que vous avez eu du mal à situer ou les surprises que vous avez pu découvrir en plaçant untel ou unetelle. L'analyse de la place que vous avez attribuée à chacun révélera vos sentiments présents, et il se pourrait bien que, si vous élaborez un schéma similaire dans un an, ou même seulement dans deux mois, celui-ci soit fort différent.

Votre schéma
Placez-vous au centre et indiquez la structure de vos relations : la façon dont vous situerez autour de vous conjoint ou amant, parents et amis vous révélera ce que vous éprouvez à leur égard et vous aidera à repérer d'éventuelles difficultés ou tensions.

Posez-vous les questions suivantes :

• Votre conjoint est-il plus proche ou moins proche de vous que vous le voudriez ?
• Vos enfants sont-ils plus proches ou moins proches de vous que vous le voudriez ?
• Vos parents sont-ils plus proches ou moins proches de vous que vous le voudriez ?
• Oncles, tantes ou cousins sont-ils plus proches ou moins proches de vous que vous le voudriez ?
• Vos collègues sont-ils plus proches ou moins proches de vous que vous le voudriez ?
• Y a-t-il des gens présents sur votre schéma que vous préféreriez exclure ?
• Aimeriez-vous qu'y figurent davantage d'amis ?
• Y a-t-il des personnes que vous avez omises et qui y auraient figuré les années précédentes ?

Tout cela peut sembler bien calculateur, mais répondre à ces questions vous aidera à savoir à quel point vous êtes ou non satisfait de l'état actuel de vos relations avec ceux qui vous entourent. Vous pourrez alors œuvrer pour instaurer plus d'intimité avec telle ou telle personne ou établir plus de distance avec celles qui ne jouent plus dans votre vie un rôle significatif. Il serait également utile d'établir un nouveau schéma qui montrerait ce que devrait être, dans l'idéal, vos relations. Comparer les deux ferait apparaître où vous espérez un mieux.

Servez-vous de votre schéma

Pensez aux personnes qui, sur votre schéma, se trouvent plus éloignées de vous qu'elles ne l'auraient été dans le passé, à celles qui en sont absentes. Pourquoi, à votre avis, êtes-vous moins proche d'elles aujourd'hui ? Avez-vous consciemment décidé de maintenir une certaine distance ou celle-ci s'est-elle installée à votre insu ?

Considérez les relations que vous souhaiteriez plus étroites – avec certains collègues ou amis, ou certains membres de votre famille. Établissez un plan d'action, notez les idées qui vous viennent pour renforcer les liens. Vous pourriez, par exemple, inviter ce collègue à déjeuner ou à vous accompagner au cinéma ou au concert. Vous pourriez approfondir une amitié en faisant davantage part à cette personne de vos sentiments personnels, intimes, et en l'invitant à faire de même.

Êtes-vous satisfait de la distance qui vous sépare de celui ou celle qui partage votre vie ? A-t-elle augmenté ou s'est-elle réduite au cours des deux dernières années ? Des cinq dernières années ?

Servez-vous de votre schéma pour explorer des zones d'ombre, des inquiétudes ou autres sentiments qui peut-être vous préoccupent.

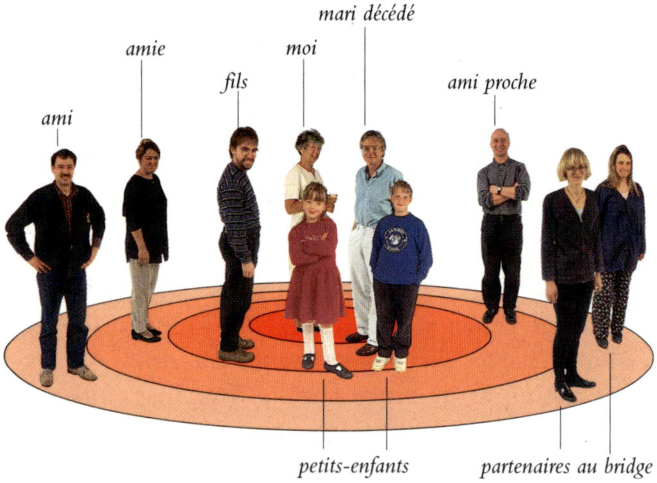

1. Henriette : «Depuis la mort de mon mari, je n'ai jamais pu imaginer que je pourrais être aussi proche de qui que ce soit, même si je pensais que mes jeunes enfants étaient une part de moi-même. Je ne vois pas mes enfants et mes petits-enfants autant que je le voudrais. Peut-être l'amitié pourrait-elle jouer un rôle plus important dans ma vie. Je crois que, si j'y consacrais plus d'énergie, je recevrais davantage.»

2. Jean : «Je pense que les membres de la famille devraient être proches et je me sens un peu coupable d'avoir relégué oncle et neveux si loin. Je suis surpris d'avoir fait figurer mon ancienne petite amie, mais elle compte encore pour moi. Je pensais que j'aurais mis d'autres amis plus près... Cela vous montre ce qui a vraiment de l'importance pour vous.»

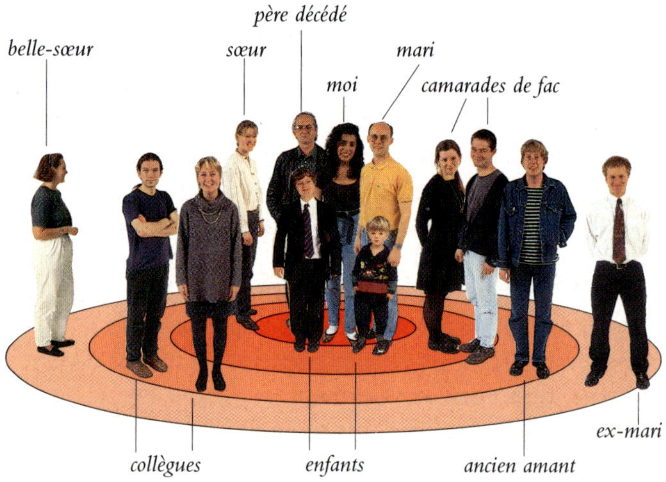

3. Josette : «En complétant le schéma de mes relations, je prenais conscience que j'avais fait des progrès. J'avais réussi à introduire quelque distance là où je le voulais, avec mon ex-mari, par exemple, qui n'arrivait pas à se détacher de moi. Je pense que des personnes qui ne sont plus de ce monde, comme mon père, mais qui me sont encore si chères, ont leur place dans mon schéma.»

4. Marc: «Mon ancienne compagne et l'actuelle sont presque à égale distance de moi. Je me sens toujours proche de mon ex car nous avons vécu plusieurs années ensemble. Je ne vois pas ma partenaire d'aujourd'hui devenir plus proche, ce qui peut paraître un peu décevant, mais mieux vaut reconnaître cela maintenant que d'attendre des miracles dans le futur.»

5. Patricia : « À l'époque où j'ai connu mon mari, je l'aurais certainement mis au centre de mon schéma, près de moi. Mais, aujourd'hui, j'ai le sentiment que la personne qui compte le plus dans ma vie est ma fille. Mon mari et moi sommes proches, mais, lorsque j'ai besoin de parler, je vais vers mon père ou ma meilleure amie. Je vois aussi une psychologue en qui j'ai totalement confiance et à qui je peux tout dire. C'est triste que ma mère et mes frères et sœurs ne soient pas plus proches de moi, mais nous n'avons jamais formé une famille très unie. »

6. Suzanne : « J'ai senti que j'avais envie de mettre mon compagnon avec moi au centre, mais j'ai résisté. J'ai tiré des enseignements de mon passé sur ce plan. Je remarque à quel point mes anciens collègues me manquent peu et j'en suis surprise : je pense que je les associe à une période de ma vie qui est maintenant dépassée. Je sens que j'ai changé. »

Les commentaires du psychologue

1. Henriette. Ce schéma montre que surmonter un deuil est une tâche de longue haleine. Henriette est au centre, et seul son mari défunt figure dans la zone de grande intimité. La présence d'un proche ami masculin, isolé, pourrait indiquer une ambivalence d'Henriette à son égard. Approfondir ses relations avec ses amis lui donnerait plus d'assurance et la préparerait, si le désir lui en venait, à une relation plus étroite avec l'homme seul.

2. Jean. La place qu'occupe sa mère, décédée, indique ses sentiments à son égard. La place de sa petite amie montre qu'elle évolue dans cette zone importante. Il pourra voir cela comme une menace ou en conclure que leur relation prend de l'importance. Jean a besoin de prendre des engagements en dehors de la famille, notamment des décisions difficiles qui pourraient ultérieurement être récompensées.

3. Josette. Cette concentration d'amis et de relations traduit le besoin de Josette de se sentir protégée. Elle veut être défendue contre les influences extérieures. Elle est capable d'entretenir des liens étroits et affectueux qui lui assurent un équilibre émotionnel. Elle aurait peut-être intérêt à s'affirmer davantage pour faire face à des problèmes délicats liés aux relations positionnées sur le cercle extérieur.

4. Marc. Il y a comme une résignation dans les propos de Marc. La distance qui le sépare de chacun indique qu'il se sent seul. La séparation qu'il a connue a sans doute été plus douloureuse qu'il ne l'admet. Pour l'avenir, il devrait analyser de plus près ses sentiments à l'égard de son ex-femme et de son actuelle compagne.

5. Patricia. La position centrale qu'occupe sa fille est inhabituelle et importante. Patricia lui a en effet assigné un rôle bien difficile. L'enfant risque d'être asphyxiée par une relation abusive, et la mère d'être anéantie lorsque sa fille quittera la maison. Recréer l'intimité d'autrefois entre le mari et la femme rétablirait un meilleur équilibre dans cet ensemble de relations.

6. Suzanne. Membres de la famille et amis sont répartis de façon égale sur les cercles. Cela suggère un bon équilibre mais signifie aussi que Suzanne cache ses émotions. L'absence de relations intimes montre qu'elle se suffit à elle-même mais à quel prix ! Son abord distant n'incite pas les autres à se montrer chaleureux. Aussi devrait-elle prendre conscience de sa vulnérabilité et de l'intérêt que peut revêtir un peu d'audace en matière relationnelle.

CHAPITRE PREMIER

LES RELATIONS AMICALES

LES RELATIONS AVEC AUTRUI sont aussi indispensables que se nourrir, se vêtir et se protéger des intempéries. La pire des privations qu'un être humain puisse endurer n'est peut-être pas la privation de nourriture ou de liberté mais bien celle des autres hommes. On sait aujourd'hui que l'isolement complet peut engendrer la folie.

Les échanges avec les autres, c'est bien sûr jouir d'une compagnie, mais c'est aussi, plus profondément, partager les bons et les mauvais moments : parler et rire ensemble, se comprendre et se soutenir. C'est également, de façon moins tangible mais non moins importante, avoir le sentiment d'appartenir à la grande famille humaine

Ce chapitre explore les différents types de relations amicales qui, tous, ont leur importance pour notre développement, notre bien-être et notre bonheur en général. Les amis les plus intimes, les rencontres occasionnelles, les membres de la famille, proches ou plus lointains, les collègues de travail, les vagues connaissances que l'on salue dans la rue, les voisins avec qui on échange quelques mots..., chacun a sa place dans le champ de nos relations.

Il vous aidera à analyser la structure de votre propre réseau d'amis et de connaissances, à repérer le type de relations que vous préférez (voir le questionnaire des pages 36 et 37) et à mieux cerner vos besoins en matière relationnelle.

Même les plus grandes amitiés peuvent être orageuses. Aussi, tout en explorant les bénéfices que l'on peut attendre de chaque type de relations dans ce domaine, il est bon d'envisager également les difficultés qui peuvent surgir et la façon de les surmonter. La section sur les « sentiments négatifs » (pages 32 à 35) souligne l'importance d'entretenir ses amitiés, de traiter tout ressentiment avant que celui-ci ne les minent. Quant aux « règles d'or de l'amitié » (page 27), elles vous indiqueront comment être un ami parfait.

Par ailleurs, que signifie le terme « intimité » en amitié ? Il est souvent employé pour souligner un contact physique, mais il n'est pas réservé au seul domaine sexuel. Il renvoie à une confiance et à une compréhension réciproques, ainsi qu'à une totale acceptation de l'autre. L'intimité peut exister entre amis, entre membres d'une même famille, tout comme sexuellement entre deux amants. Nous avons tous besoin d'intimité, laquelle est une source inappréciable de bonheur. Découvrez ici comment être au mieux avec toutes les personnes qui vous entourent : de celles que vous côtoyez par hasard à celles avec qui vos liens sont les plus profonds.

L'AMITIÉ EST SOURCE DE NOURRITURE AFFECTIVE.
LES AMIS, OUTRE LE PLAISIR QUE NOUS PROCURE LEUR COMPAGNIE, NOUS APPORTENT SOUTIEN ET RÉCONFORT.

LES DIVERS TYPES D'AMITIÉS

UNE DES FAÇONS les plus efficaces de punir, et même de torturer un individu, est de le priver de tout contact humain. On sait que des personnes qui ont subi un isolement prolongé – des prisonniers au secret, par exemple – rêvent, voire hallucinent, que d'autres personnes sont en leur présence, tant le besoin d'être en interaction avec autrui est vital.

Aussi le contact est-il un besoin fondamental de l'être humain et les amitiés de toutes sortes revêtent-elles une importance capitale. Ces inconnus que vous rencontrez quotidiennement chez les commerçants ou dans les transports en commun tout comme vos amis les plus intimes vous apportent ce contact indispensable. Des amis proches peuvent vous donner un sentiment d'appartenance, d'équilibre psychologique, de stabilité émotionnelle et, bien sûr, vous pouvez partager avec eux diverses activités, intellectuelles ou sportives, échanger rires et émotions. La nature même des amitiés étant cependant fort diverse, ces dernières comportent différents niveaux. Ne vous attendez pas à une aide psychologique de la part des personnes avec lesquelles vous échangez quelques mots sur le temps qu'il fait. Il n'en demeure pas moins que des conversations aussi anodines peuvent être un élément de réconfort.

L'éventail des relations amicales

On peut déterminer les différentes formes d'amitiés en fonction du degré d'intimité qu'elles impliquent : les connaissances, les copains et camarades, les collègues et les amis intimes.

Les connaissances sont des personnes avec lesquelles vous n'abordez que des sujets impersonnels. Vous avez tendance à les garder à distance et vous ne leur parlez sans doute pas de vos problèmes. Le caractère superficiel de ce type de relation est satisfaisant dans la mesure où il rassure sur le fait que la vie suit son cours même lorsque vous êtes en train de vivre l'expérience la plus traumatisante.

Les copains sont ceux dont vous êtes proche par les centres d'intérêt que vous avez en commun. Ce sont les camarades de collège avec qui vous avez fait les quatre cents coups et tant partagé pendant deux ou trois années de votre vie : vous avez à l'époque vécu beaucoup de choses ensemble, mais vous vous apercevez aujourd'hui qu'il n'en reste plus grand-chose dès lors que vos chemins ont bifurqué dans la vie adulte. De même, de jeunes mamans peuvent être très liées pendant la petite enfance de leur progéniture et, lorsque celle-ci aura pris le chemin de l'école, se faire de nouvelles amitiés. Elles découvriront peut-être que leur seul intérêt commun était les jeux et les bobos de leurs tout-petits. Vous aussi avez pu constater que des amis de vacances avec qui tout allait fort bien pendant deux semaines n'avaient plus grand-chose à vous offrir une fois les vacances terminées.

Le milieu professionnel peut également être le berceau de très vives amitiés. Le métier exercé est souvent bien plus qu'une source de revenus. C'est le terrain du compagnonnage, du partage constant d'activités, voire parfois d'amitiés qui dépassent le cadre professionnel. Toutefois, il arrive souvent que les relations avec des collègues ne durent pas au-delà du partage d'un même lieu de travail : il ne s'agissait alors que de copains ou de camarades.

La structure des amitiés

Les amitiés évoluent sans cesse. De nouvelles connaissances entrent en scène ; vous approfondissez une relation avec des personnes que vous ne connaissiez que superficiellement et perdez de plus en plus contact avec des amis dont vous ne partagez plus les intérêts et dont vous vous éloignez.

PASSEZ VOS AMIS EN REVUE

C'est un exercice utile que de passer en revue tous ses amis : quels types d'amis avez-vous, d'où viennent-ils, en quoi ont-ils changé avec le temps et quelles attentes satisfont-ils chez vous ?

Dressez une liste de vos amis en les situant dans ces catégories : amis intimes, copains avec qui vous avez un intérêt commun, collègues et connaissances. Y a-t-il des manques dans votre liste ? Favorisez-vous un certain type d'amitié ? Si quelque chose vous déplaît dans ce que vous observez, il est peut-être temps de faire de nouvelles rencontres et de vous ouvrir à de nouveaux intérêts.

• Si vous avez beaucoup de relations amicales mais très peu d'amis intimes, vous avez peut-être des difficultés à vous sentir proche d'autrui. Efforcez-vous de mieux connaître l'une ou l'autre de vos connaissances pour parvenir à goûter la proximité qui conduit à l'intimité.

• Vos amis sont-ils tous et toutes des collègues de travail ? Si oui, cela signifie clairement que celui-ci tient une place primordiale dans votre vie. Il n'y a rien à redire au fait de nouer des amitiés sur son lieu de travail mais, dans votre cas, un changement dans votre vie professionnelle vous laisserait bien seul. Il vous faut ouvrir un nouveau pan dans votre vie, sans rapport avec votre métier.

• Vous avez une longue liste d'amis proches ? Réfléchissez à la nature de vos relations avec eux. Est-ce très souvent vous qui écoutez, apportez soutien et réconfort ? Les vrais amis partagent, chacun donne et reçoit. Intéressez-vous davantage à ceux d'entre eux qui, à leur tour, vous écoutent et vous réconfortent.

Les amis intimes les plus chers restent au travers des changements, des bouleversements de la vie. De telles amitiés ne se vivent pas nécessairement sur le même mode. Vous pouvez vous voir toutes les semaines ou ne pouvoir vous rencontrer que rarement, mais la force de cette relation fait que vous êtes toujours prêt à seconder l'autre, à lui faire confiance, à comprendre ses sentiments, à lui manifester votre affection et partager ses secrets.

Souvent, le partenaire sexuel est l'ami le plus intime. Mais il ne doit pas vous empêcher d'avoir d'autres amis. Vous éloigner l'un l'autre de temps en temps est souhaitable pour éviter que l'un de vous ne se sente brusquement étouffé !

Maintenir un équilibre

Les relations amicales peuvent évoluer. Une simple connaissance ou un collègue peuvent plus tard compter parmi vos amis intimes, alors que de bons copains auront disparu de votre champ relationnel.

Selon une étude parue aux États-Unis, le nombre d'amis que chaque individu aurait en moyenne se situe aux environs de quinze. Mais si l'on demande aux personnes interrogées combien elles ont d'amis intimes, ce nombre tombe à six. En réalité, ce n'est pas la quantité d'amis qui compte mais l'importance du rôle qu'ils jouent dans notre vie, le soutien qu'ils peuvent nous apporter. Bien des gens traitent leurs amitiés un peu à la légère, ne leur prêtent pas autant

FAIRE DES RENCONTRES

On peut parfois nouer de nouvelles amitiés sans rien faire pour cela – parmi les amis d'amis ou dans son travail. Mais il faut souvent démarcher plus activement pour élargir son champ relationnel.

Soyez attentif aux occasions de faire de nouvelles rencontres. Acceptez les invitations ; recevez vous-même en demandant à chacun de vos invités de venir avec une nouvelle recrue ; organisez des sorties avec vos collègues ; créez un bulletin de quartier ou de service, cela constitue un prétexte pour prendre contact.

Une amitié naît souvent d'un intérêt ou d'un projet commun. Engagez-vous dans des activités qui vous intéressent. Cela présente un double avantage : vous rencontrez des gens avec lesquels vous avez déjà quelque chose en commun ; vous avez toutes les chances d'être enthousiaste et détendu, si bien qu'on vous découvrira sous votre meilleur jour. Partagez un centre d'intérêt permettant d'engager plus facilement la conversation.

Efforcez-vous de prendre part à des activités qui favorisent les contacts sociaux. Si vous aimez le sport, par exemple, pratiquez de préférence des sports collectifs, comme le tennis ou le football plutôt que des sports individuels tels que le jogging ou la natation. Informez-vous auprès de votre mairie sur les cours pour adultes, les clubs et les associations qui sont sources de rencontres.

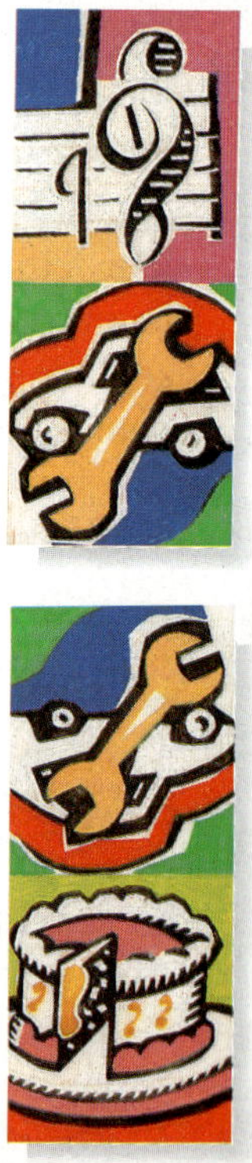

d'attention qu'à leurs relations amoureuses. Pourtant, elles comptent pour beaucoup dans l'équilibre, la douceur d'une existence, et valent la peine qu'on y pense, qu'on les entretienne et qu'on les respecte.

Comme le disait l'écrivain anglais Samuel Johnson, au XVIIIe siècle : « Un homme, Monsieur, doit garder ses amitiés en bon état. »

La chaîne humaine
La compagnie des autres est indispensable à une vie équilibrée. Vous avez besoin d'amitié et devez les valoriser et leur accorder tous vos soins.

LES SIMPLES CONNAISSANCES

Nous connaissons tous des personnes avec lesquelles nous avons plaisir à échanger quelques mots, mais que nous n'essayons pas nécessairement de fréquenter régulièrement. Ce cercle de relations compte toute une gamme de gens : amis d'amis ou de parents, voisins, contacts professionnels, des personnes avec qui nous avons des échanges pratiques, tels que commerçants, clients ou fournisseurs, ou encore parents des amis de nos enfants.

Si votre réseau social ne se compose que de telles relations, cette restriction supposerait que vous répugnez à un contact plus étroit, que vous avez peur qu'on ne vous connaisse davantage. Prenez garde, car cette réserve peut vous conduire à un sentiment d'isolement. Peut-être faut-il que vous vous interrogiez sur vos besoins en amitié et que vous appreniez à vous rapprocher d'autrui (voyez page 15 « Passez vos amis en revue »).

Respecter les frontières

Par définition, les simples connaissances sont moins proches de vous que des amis. Néanmoins elles jouent un rôle important dans l'ensemble de vos relations. La différence essentielle entre une connaissance et un ami est une question de frontière. Si vous n'avez pas le moral, par exemple, et qu'un ami vous demande comment vous allez, vous serez probablement tout à fait sincère, tandis que vous répondrez à quelqu'un que vous ne connaissez que de vue : « Ça va bien, merci. Et vous ? » Vous n'aurez pas envie de révéler une éventuelle vulnérabilité et vous en resterez à des échanges superficiels.

La plupart du temps, ces frontières sont parfaitement perçues : on parle sans difficulté de choses et d'autres, des vacances, des loisirs, mais on évite les sujets plus personnels ou délicats : la vie amoureuse, la religion, les problèmes familiaux ou d'argent, etc.

Aussi est-il très important de repérer ces frontières. Comment réagiriez-vous si quelqu'un que vous connaissez à peine s'épanchait de façon trop intime devant vous, vous faisait part de tous ses problèmes ? Vous vous sentiriez vraisemblablement très mal à l'aise et, ne connaissant pas assez votre interlocuteur, vous ne sauriez comment lui répondre.

Limites intangibles

Une simple relation reste peu contraignante tant que chacun en respecte les limites : celles d'un niveau d'intimité qui ne doivent pas être franchies.

L'intérêt de ce type de relation

Bien que celui-ci soit moins riche, moins intéressant que la véritable amitié, il n'en présente pas moins un intérêt. Rencontrer ainsi des gens nous aide à nous sentir en contact avec le monde qui nous entoure. Cela rassure, nous fait nous sentir moins isolé, nous donne l'occasion de communiquer, de partager subrepticement quelque chose avec autrui, même s'il ne s'agit que de conversations anodines.

Un autre intérêt vient précisément des limites de ce mode de relation. En effet, il peut être reposant de passer un bon moment à s'en tenir à des propos légers et superficiels ne comportant aucune obligation. Si vous avez quelques soucis en tête, avoir un contact de cet ordre, qui n'exige aucun engagement sera un appréciable soulagement.

Avec un ami, vous vous sentiriez contraint d'être plus transparent, plus direct; de son côté, lui aussi pourrait certainement s'attendre que vous soyez plus présent, plus curieux.

Développer une amitié

Une simple connaissance est quelqu'un avec lequel vous avez un point commun qui vous a fait vous rencontrer : vos enfants fréquentent la même école, vous êtes membres du même club sportif ou exercez le même métier. Et peut-être n'avez-vous rien d'autre en commun. Vous pouvez connaître tel ou tel depuis des années et ne pas vous acheminer vers un autre niveau de relation, le plus souvent parce que cela vous convient à l'un et à l'autre. D'autres sont des connaissances de très fraîche date et vous n'avez pas encore eu le temps de nouer éventuellement un lien plus fort. Il se peut qu'un jour vous vous rendiez compte que votre entente était parfaite ou que vous partagiez plus de choses que vous ne pensiez au départ.

Une amitié peut alors naître, mais ce passage se fera à l'issue de plus longs entretiens qui vous donneront la possibilité de mieux vous connaître et de voir si chacun en éprouve le désir. Si vous souhaitez que la relation se renforce, qu'elle évolue vers l'amitié –, proposez un contact hors de votre sphère habituelle, d'aller prendre ensemble un café, par exemple. Soit l'autre maintiendra votre relation à son niveau actuel, soit il manifestera un désir analogue au vôtre. C'est alors qu'il faut prêter attention aux signes que laisse transparaître autrui. L'une des difficultés et des joies de l'amitié, sentiment réciproque de sympathie ou d'affection, est que cet attachement n'obéit à aucune règle préétablie. C'est à chacun d'être attentif aux réserves que manifestent les autres comme à leurs attentes.

COPAINS ET CAMARADES

En regardant de vieilles photographies, il vous est sans doute arrivé de sursauter en voyant tout à coup le visage de quelqu'un qui vous fut très proche et qui a disparu de votre vie. Vous vous remémorez alors les jours heureux et les expériences passionnantes vécues ensemble. Et vous vous demandez comment vous avez pu perdre contact, alors que vous étiez si intimes, à l'université, au travail ou sur un terrain de sport. Mais, le plus souvent, vous n'aurez pas de remords, vous n'exprimerez aucun regret du genre : « Oh ! j'aurais dû maintenir le contact ! » Vous vous souviendrez plutôt que, les circonstances changeant, l'un et l'autre avez compris que vous n'aviez plus grand-chose en commun, si bien que les liens s'étaient relâchés tout naturellement. Vous êtes probablement satisfait d'avoir joui de cette amitié à l'époque et ne souhaitez pas rétablir d'autres liens que celui, ténu, d'une carte de vœux en début d'année.

Une expérience partagée

Ces amitiés qui ne durent qu'un certain temps sont en quelque sorte des camaraderies. Elles sont fondées le plus souvent sur une expérience commune, les études ou le travail. On a du mal à se souvenir de l'intensité passée à cause de la distance qui, désormais, s'est installée. En fait, le lien ne tenait qu'à l'activité partagée et chacun a évolué de son côté.

Il est donc tout à fait logique que des amitiés apparaissent et disparaissent de notre existence. À des époques diverses de la vie, les attitudes, les attentes, les intérêts sont différents et cela se reflète dans les amitiés. Par exemple, une mère de jeunes enfants aura beaucoup d'amies dans la même situation. Mais, lorsque ses enfants iront à l'école ou qu'elle reprendra un emploi, ses amitiés changeront. Elle verra moins ces jeunes mamans dont les conseils et le soutien lui étaient si précieux, mais, en revanche, elle se fera d'autres relations dans son nouveau cadre de vie. Il arrive qu'après un divorce ou une séparation on noue de nouvelles amitiés. On recherche, pour se sentir moins isolé, des gens dans la même situation. Pendant un temps, une relation amicale entre deux personnes récemment divorcées peut être d'un grand secours parce chacune sait ce que l'autre éprouve et peut lui apporter une aide, un réconfort. Mais, quelques années plus tard, chacun ayant trouvé un nouveau partenaire, le lien se rompt car il n'est plus perçu que comme le rappel de souvenirs douloureux.

Le soutien du groupe

Certaines de ces camaraderies sont de très courte durée. Édouard, jeune cadre d'une trentaine d'années, a été choisi par ses employeurs pour participer à un stage de management qui doit durer un mois. Malgré le caractère gratifiant de cette décision, Édouard ne cesse, tout le temps du trajet qui le conduit au centre de formation, de se plaindre à son amie Anne de la perte de temps et d'argent que ce stage va représenter. « De plus, gémit-il, je ne connaî-

Des amitiés qui s'effacent
Certains amis tiennent un temps une grande part dans notre vie, mais quand l'expérience partagée cesse, le lien se rompt et l'amitié s'estompe.

trai personne là-bas ; tout cela va être incroyablement rasoir ; ce serait supportable si seulement des amis y allaient aussi... »

Au cours de la première semaine, Édouard appelait Anne au téléphone tous les soirs, parlant de conférences interminables, de documentation à potasser... La semaine suivante, il commença à manifester quelque enthousiasme. Il devint clair qu'il avait noué des relations avec trois autres participants et, bientôt, Anne eut connaissance des sobriquets dont il gratifiait les autres, l'assistance qu'ils se prêtaient dans leur travail et, enfin, les virées tardives au bar du coin.

De retour chez lui, Édouard admit que le stage n'avait pas été si pénible que cela. Il garda le contact avec ses nouveaux amis et organisa une rencontre le week-end. Anne se joignit à eux et fit connaissance de tout le groupe.

Ils passèrent d'agréables moments, mais Édouard comprit vite que leurs liens se dissolvaient déjà. L'amitié qu'ils avaient éprouvée avait servi leur objectif et n'avait plus de raison d'être une fois chacun revenu dans son cadre de vie habituel.

Un réseau en constant changement

Les amitiés nées d'un besoin ou d'intérêts communs ne se terminent généralement pas brutalement. Le détachement est progressif. On commence par se voir de moins en moins, puis on découvre un jour que quelqu'un qui avait beaucoup compté pour vous ne joue plus un rôle important dans votre vie. Vous gardez le souvenir de ce qu'il a été, mais vous avez tourné la page.

En permanence, des personnes apparaissent et disparaissent de votre champ de relations amicales. Leur chemin a longé un temps le vôtre, a coloré votre vie avant de bifurquer vers une autre direction, parfois à l'opposé du chemin que vous vous êtes tracé.

LES COLLÈGUES

Si vous avez un emploi, la plupart de vos relations quotidiennes ont pour cadre votre lieu de travail. C'est là que des amitiés de toutes sortes peuvent prendre leur source. N'avoir aucune relation avec vos collègues est quasiment impossible. La question est de savoir jusqu'où aller avec eux. Un supérieur hiérarchique peut-il fraterniser avec ses subordonnés ? Devez-vous révéler des détails très personnels de votre vie privée à un ami de bureau au risque de craindre que tout le monde soit bientôt au courant ? Comment faire pour ne pas vous trouver impliqué dans des luttes de clans sachant qu'il est si difficile de rester impartial lorsque argent et pouvoir sont en question ? Éviterez-vous toute affaire de cœur au travail où, pourtant, son caractère clandestin lui donnerait tant d'attrait ?

Amitié et confiance

Même si vous comptez de bons amis en dehors de votre travail, même si vous avez une compagne ou un compagnon très aimant, il est clair que vous passez plus de temps avec vos collègues qu'avec qui que ce soit d'autre. Aussi est-il important de bien vous entendre avec eux. Toutefois, lorsque vous commencez un nouveau travail, il est préférable de ne pas, d'entrée de jeu, parler à ces nouveaux collègues comme si vous les connaissiez depuis des années. Mieux vaut prendre son temps, regarder autour de soi quelle est la nature des relations des uns et des autres. Peu à peu, vous comprendrez mieux la personnalité de chacun, les rapports qui se sont instaurés et trouverez votre place. Dans les premiers temps, soyez avare d'informations sur vous-même : attendez de connaître suffisamment votre nouvel entourage pour savoir à qui vous pouvez faire confiance. La dernière chose que vous voudriez découvrir serait qu'un collègue répande à tous les échos des détails sur votre vie privée.

Relations de pouvoir

Un lien amical unit généralement deux individus sur un plan d'égalité. Si l'un ou l'autre est en position de supériorité ou d'infériorité, l'amitié peut s'en ressentir. Éprouver un sentiment de sympathie envers des personnes dont vous dépendez ou, au contraire, qui sont vos subordonnés dépend de votre niveau hiérarchique. En tant que patron, il est vital que vous respectiez ceux et celles qui travaillent pour vous : si vous vous montriez trop amical, la situation pourrait devenir délicate. Les gens qui détiennent le pouvoir marchent sur le fil du rasoir : ils doivent se montrer abordables, compréhensifs, tout en exerçant contrôle et autorité. De plus, si vous deviez nouer un lien intime avec un patron, vos collègues risqueraient, par jalousie, de vous en vouloir et, si ce lien venait à se rompre, vous pourriez vous retrouver en fâcheuse position.

Travailler ensemble

Dès que votre position hiérarchique est bien établie, vous pouvez forger des liens avec vos collègues.

Des liaisons dangereuses ?

À être ainsi embarqués chaque jour sur le même bateau, à poursuivre en commun tant de projets, se voir sous son meilleur jour, ou sous le pire, tout cela peut être exaltant. Aussi n'est-il pas étonnant que des liens très forts puissent se nouer dans le cadre du travail. Mais quelle attitude adopter ? Si vous avez une aventure avec un collègue, efforcez-vous d'observer la plus grande discrétion. Si la relation se poursuit, les autres se rendant parfaitement compte de ce qui se passe, attendez d'avoir fini la journée de travail pour les petits mots doux. Ne donnez pas à vos collègues matière à imputer à votre liaison une baisse du rendement ou des mésententes dans l'équipe. Et, si l'aventure prend fin, pourrez-vous continuer à travailler en restant aussi proches l'un de l'autre ? Si non, demandez une mutation dans l'entreprise.

Un équilibre difficile

Il est à peu près inévitable que des clans et des alliances se créent dans un établissement où tant de personnes se côtoient chaque jour. Le travail peut être le théâtre de maints mélodrames. C'est même ce qui, pour beaucoup de gens, le rend supportable. Mais être trop engagé dans cette agitation peut être perturbant. Pour rester en bons termes avec tous vos collègues, demeurez perspicace, efforcez-vous de rester neutre et évitez toute alliance qui pourrait vous porter tort ou vous nuire. Si vous ne vous sentez en confiance avec aucun d'eux alors que vous, vous êtes sous pression, étudiez le problème avec une personne étrangère à votre sphère professionnelle.

Au travail, tous les types de relations demandent du doigté. Vous voulez vous y sentir bien, plaire aux autres, être assuré que vos amitiés ne nuisent pas à votre carrière. Vous avez tout à gagner à avoir de bonnes relations avec ceux que vous côtoyez même si celles-ci ne doivent pas survivre à un changement professionnel. Mais une relation peut devenir une solide et durable amitié pour peu que vous l'entreteniez et la consolidiez dans une atmosphère de confiance mutuelle.

En route pour l'amitié
Une amitié connaîtra sans doute des hauts et des bas, mais elle peut néanmoins durer toute une vie

Parmi tous vos amis, ceux qui sont le plus intimes tiennent immanquablement une place de choix. Ce sont ceux en qui vous avez une grande confiance, que vous aimez profondément et dont vous avez le plus besoin. Il y a de fortes chances que vous n'en ayez qu'un petit nombre, car de telles relations demandent beaucoup d'attentions, de soins. Des amis proches se soutiennent mutuellement, se connaissent parfaitement, apprécient les qualités et acceptent les défauts de l'autre, car c'est l'ensemble de sa personnalité qui fait de l'ami cet être unique, irremplaçable. Ils partagent les bonheurs, les heures sombres et prennent ensemble les différents caps de la vie.

Les hommes comme les femmes ont des amis proches de leur propre sexe et, si la nature profonde de la relation est identique pour les uns et les autres, il est cependant intéressant de noter combien les styles d'amitiés masculines et féminines diffèrent.

Les femmes ont tendance à veiller sur leurs amies pour avoir avec elles un contact intime au jour le jour, alors que les hommes n'abordent guère les sujets personnels en dehors de circonstances particulières. Certaines femmes envient aux hommes cette capacité qu'ils ont d'entretenir des amitiés qui n'exigent pas d'eux de révéler leurs pensées et leurs sentiments les plus secrets. Certains hommes, eux, envient aux femmes cette facilité qu'elles ont à échanger en toute simplicité craintes et espoirs.

Apporter une aide

Hommes et femmes se communiquent leurs problèmes, mais le soutien qu'ils s'apportent diffère. Ainsi, lorsque Jeanne s'est vue licenciée d'un emploi où elle se plaisait, son amie Sophie lui a manifesté toute sa sympathie. Elle l'a encouragée à exprimer sa souffrance, sa colère, son sentiment d'injustice. Elle a évoqué le temps où elle-même s'était trouvée dans une situation identique et toute la peine qu'elle en avait alors éprouvée. Elles se réconfortaient ainsi l'une l'autre. Sophie estimait qu'il était important pour Jeanne de savoir que son cas n'était pas unique, qu'elle-même avait connu un choc comparable. Ces échanges ont atténué le sentiment de honte que ressentait Jeanne et lui ont permis d'être franche avec son amie.

Ramer de concert

Par temps de crise, un ami doit répondre « présent » et aider l'autre à se tirer d'affaire.

Lorsque Robert, le frère de Jeanne, connut à son tour le licenciement, il en parla à son ami Bernard, dont la réaction immédiate fut de l'aider à retrouver un nouvel emploi. Il n'offrit pas une épaule compatissante comme l'avait fait Sophie car il aurait craint de gêner Robert en l'encourageant à exprimer ses sentiments. Il proposa plutôt une aide pratique. Il apportait ainsi un soutien qui ne risquait pas de froisser la fierté de son ami et qui pouvait donc être facilement accepté.

D'un sexe à l'autre, il y a ainsi de subtiles différences dans la façon dont se vivent les amitiés. Dans ses ouvrages *Décidément, tu ne me comprends pas !* et *That's Not What I Mean*, Deborrah Tannen, professeur de linguistique à l'université Georgetown, à Washington, D.C., analyse la différence qui existe entre le mode de communication des hommes et celui des femmes.

Les hommes, dit-elle, font passer leur message de façon directe et les femmes de façon indirecte. En amitié, les hommes se voient comme aidant à la solution des problèmes et donnant des conseils tandis que les femmes apportent compréhension et écoute sympathique.

Les hommes ont également besoin de valoriser leur image par rapport aux autres hommes et admettent chez eux ce besoin. Ils aiment impressionner leurs amis. C'est pourquoi vous verrez plus facilement un homme qu'une femme amuser ses amis en leur racontant une blague ou en se livrant à quelque facétie, ou encore à tourner en dérision les choses qui pourraient paraître graves. C'est également pourquoi Bernard se souciait d'apporter à Robert une aide pratique plutôt que de s'appesantir sur l'humiliation que celui-ci subissait.

Un temps de chien

Des amis intimes peuvent aussi connaître la tempête. En fait, peu d'amitiés ignorent ces moments difficiles.

Et si la situation change...

Comme toutes les relations, les amitiés se modifient, particulièrement si l'un des deux connaît dans sa vie de très grands changements. Ceux-ci doivent être compris et acceptés pour que l'amitié survive. La secousse peut être vive, mais une fois passée, le lien s'en trouve renforcé et sa force pour l'un et l'autre accrue.

Dans le cas de Paul et de Simon, c'est l'arrivée du premier enfant de Paul qui a mis leur amitié en danger. Bien qu'il ait essayé de s'intéresser au nouveau-né, devenu visiblement le nombril du monde pour Paul, Simon eut vite du mal à supporter la situation et se lassa de n'entendre plus parler que de couches et de biberons. Paul vécut ce manque d'intérêt de Simon comme un rejet et se tourna vers d'autres jeunes papas de son entourage. Mais il découvrit bientôt à quel point son vieil ami lui manquait, celui avec qui il avait partagé tant de choses depuis des années et qui le connaissait si bien. Il s'aperçut également que lui aussi avait envie de parler d'autre chose que de couches et de biberons.

Il téléphona à Simon, l'invita à prendre un verre et s'excusa auprès de lui d'avoir été à ce point obnubilé par son bambin, tout en avertissant Simon qu'en pareil cas la même chose lui arriverait à lui aussi. Simon fut ravi de retrouver son ami qui lui avait terriblement manqué. Il venait de se dire que, peut-être, il s'était montré quelque peu égoïste en ne compatissant pas aux nuits sans sommeil du jeune papa. L'amitié survécut à ce bouleversement dans leur vie personnelle parce qu'ils comprirent tous deux combien l'autre leur était cher et qu'ils surent le reconnaître.

Entretenir une vive amitié

Il est certain que les liens qui unissent deux amis intimes n'ont pas de prix. Chacun a besoin de partager ses espoirs, ses craintes, ses succès ou ses échecs. Chacun a besoin d'être compris, valorisé, d'être utile à l'autre, voire indispensable. Grâce à l'amitié aussi, on apprend, on mûrit. Parfois, seuls nos proches amis sont parfaitement honnêtes avec nous. Franchise et confiance sont des qualités *sine qua non* et essentielles dans ce type de relation. Une duperie serait alors vécue comme une trahison et en marquerait la fin.

Faites toujours tout ce qui est en votre pouvoir pour enrichir vos amitiés, quelles que soient les circonstances. Ce sont des liens précieux et irremplaçables.

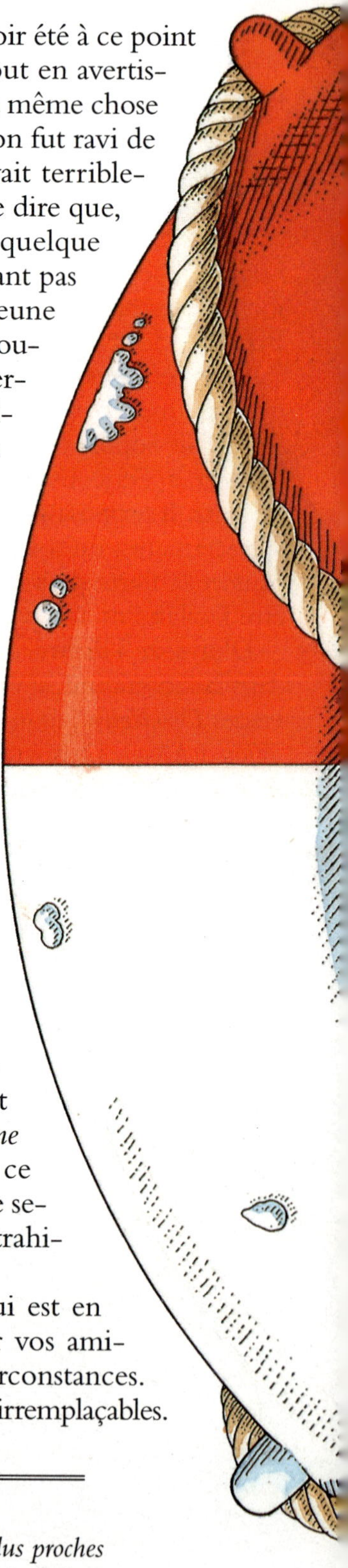

Voguons ensemble

C'est peut-être avec nos amis les plus proches que nous goûtons les moments les plus délicieux et sincères de notre vie.

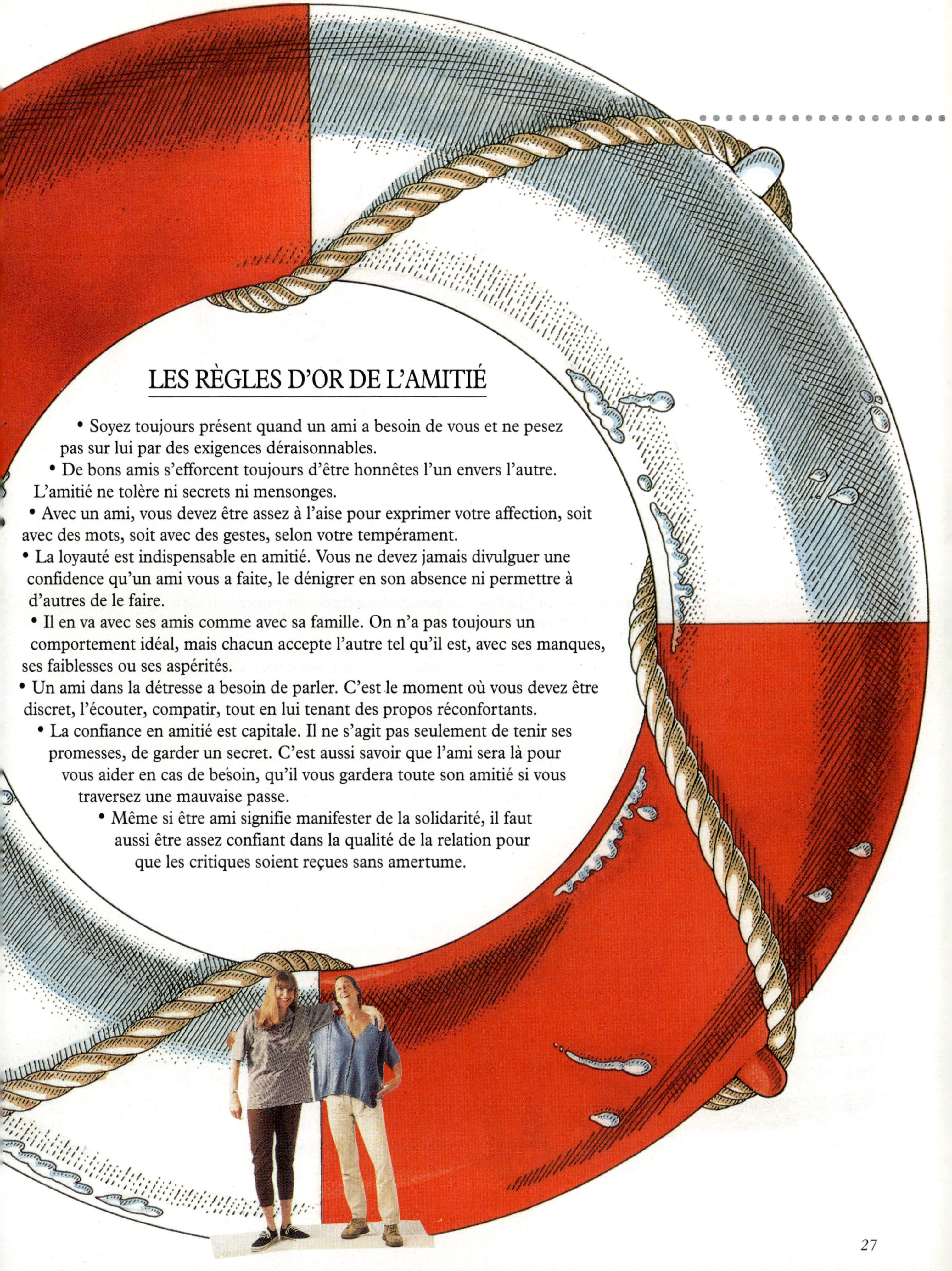

LES RÈGLES D'OR DE L'AMITIÉ

- Soyez toujours présent quand un ami a besoin de vous et ne pesez pas sur lui par des exigences déraisonnables.
- De bons amis s'efforcent toujours d'être honnêtes l'un envers l'autre. L'amitié ne tolère ni secrets ni mensonges.
- Avec un ami, vous devez être assez à l'aise pour exprimer votre affection, soit avec des mots, soit avec des gestes, selon votre tempérament.
- La loyauté est indispensable en amitié. Vous ne devez jamais divulguer une confidence qu'un ami vous a faite, le dénigrer en son absence ni permettre à d'autres de le faire.
- Il en va avec ses amis comme avec sa famille. On n'a pas toujours un comportement idéal, mais chacun accepte l'autre tel qu'il est, avec ses manques, ses faiblesses ou ses aspérités.
- Un ami dans la détresse a besoin de parler. C'est le moment où vous devez être discret, l'écouter, compatir, tout en lui tenant des propos réconfortants.
- La confiance en amitié est capitale. Il ne s'agit pas seulement de tenir ses promesses, de garder un secret. C'est aussi savoir que l'ami sera là pour vous aider en cas de besoin, qu'il vous gardera toute son amitié si vous traversez une mauvaise passe.
- Même si être ami signifie manifester de la solidarité, il faut aussi être assez confiant dans la qualité de la relation pour que les critiques soient reçues sans amertume.

AMIS, SEULEMENT AMIS...

LORSQUE VOUS RENCONTREZ une personne du sexe opposé, vous interrogez-vous immédiatement sur ce que vaudrait avec elle une histoire d'amour ? Les médias nous bombardent de tant d'images de couples heureux, de récits de liaisons torrides qu'il est aisé d'oublier qu'hommes et femmes peuvent se rencontrer sur un autre plan. Peuvent-ils tout simplement être de bons amis, ou bien y a-t-il nécessairement entre eux une dimension sexuelle ?

Une relation platonique
Elle peut augurer de bons moments avec l'autre sexe sans les exigences de la relation amoureuse.

Des amis de sexe opposé

Dans bien des cas, peu importe à quel sexe appartient un ami. Si vous avez des amis de l'un et l'autre sexes, vous ne vous êtes sans doute même pas demandé si vos amitiés avec l'un différaient de celles que vous entretenez avec l'autre. Les attraits que présentent les unes et les autres peuvent pourtant être différents.

Pierre, avocat, estime que ses amitiés masculines ont tendance à être centrées sur le travail ou certaines activités – la pêche, les concerts de jazz ou les parties de poker – et qu'elles accordent peu de place au domaine des sentiments. « Ma mère vient de mourir, dit-il, et mes amis auraient été gênés si je leur avais parlé de ce que je ressentais. Mais j'ai une amie qui le supporte très bien et me laisse en parler sans essayer de changer de sujet. »

Avoir des amis du sexe opposé présente également l'avantage de vous faire connaître la façon dont l'autre sexe pense, ressent et réagit, qui peut vous faire mieux comprendre votre partenaire ou vos partenaires potentiels. Savoir que vous resterez sur le terrain de l'amitié évacue la tension qu'introduirait l'éventualité d'une liaison amoureuse.

Si vous êtes enfant unique ou êtes le seul enfant de votre sexe, cette sorte d'amitié peut vous donner la sensation d'avoir un frère ou une sœur. Enfin, sur un plan pratique, si vous êtes célibataire, vous apprécierez la compagnie d'un ami du sexe opposé pour vous rendre à une soirée ou à un mariage.

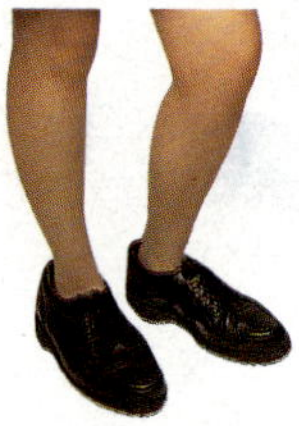

Une plus grande compréhension
Avoir des amis du sexe opposé permet, mentalement, de se mettre à la place de l'autre.

L'amitié avec « un ex »

En amour, il y a naturellement une part d'amitié. Vous avez peut-être été d'abord attiré l'un vers l'autre par des intérêts communs ou des opinions convergentes. Si la relation amoureuse cesse, vous pouvez néanmoins avoir envie de revoir de temps en temps votre ancien partenaire. Vous avez peut-être encore beaucoup de choses en commun et, dans la mesure où la dimension sexuelle a déjà été explorée, elle risque moins de perturber, voire de détruire, la relation amicale. Certes, il peut y avoir encore quelque frémissement, mais il est plus facile de s'en tenir là.

Des obstacles éventuels

Il n'est pas toujours si facile d'entretenir des amitiés avec l'autre sexe. Votre entourage, votre éducation vous rendront la chose plus ou moins aisée. Vous y parviendrez plus facilement si vous avez eu des frères et des sœurs, fréquenté des écoles mixtes ou travaillé dans un milieu mixte.

Pour certaines personnes, de telles amitiés sont rendues impossibles par la jalousie que manifeste l'autre membre du couple. Si lui ou elle se sent menacé par ce type de relation, vous risquez d'y renoncer pour éviter les confrontations. Il serait cependant plus judicieux de traiter ce problème car il peut resurgir plus tard. Il faut surtout ne dresser aucun obstacle à ce que chacun fréquente sans témoin ses amis du sexe opposé. Octroyer cette liberté est une marque de confiance. Cela reste dans les limites d'un flirt social sans danger.

LE FLIRT

Flirter est un des plaisirs de la vie : combien d'autres choses sont amusantes, ne coûtent rien et ne nuisent pas à votre santé ? Cela donne confiance en soi, relève des moments en société qui pourraient être fades. Mais une soirée dansante n'est pas la seule occasion à laquelle un léger flirt peut donner du piment : à condition d'être discret, à bon escient, il peut alléger l'atmosphère dans une réunion ou un cours du soir, rendre plaisante l'attente à l'arrêt de l'autobus ou encore rompre la monotonie d'une journée de travail fastidieuse.

Si vous flirtez avec une personne dont vous êtes déjà l'ami, l'avantage est que chacun sait qu'il ne s'agit pas d'une invite à aller plus loin. Le flirt est un plaisir en soi dont les limites sont déjà clairement tracées. Le revers de la médaille est qu'il peut trop facilement être une arme dans divers jeux de pouvoir : rendre jaloux celui ou celle qu'on aime, contrarier un ou une rivale éventuelle, accentuer un malaise. C'est alors une manipulation nocive. Posez-vous la question de savoir si vous flirtez pour atteindre en quelque façon votre partenaire ou pour vous divertir aux dépens de quelqu'un d'autre. Dans son célèbre ouvrage sur les relations humaines, *Des jeux et des hommes*, le psychiatre Eric Berne dit que certaines femmes flirtent pour susciter l'intérêt d'un homme qu'elles pourront rejeter lorsqu'il aura montré qu'il est séduit. Attention cependant aux excès. En effet, et notamment dans le milieu professionnel, certains hommes abusent de leur pouvoir en exerçant sur les femmes une pression très dangereuse dite harcèlement sexuel.

Mais le flirt est aussi le moyen de montrer à quelqu'un qu'il ou elle vous intéresse et que vous souhaitez faire plus ample connaissance. Bien des relations commencent par une sorte de flirt. C'est une période fort agréable, on se permet quelque audace, on savoure l'idée qu'une plus grande intimité devrait suivre...

Les règles d'or du flirt

- Restez léger. L'humour est un ingrédient indispensable du flirt, il donne plus d'attrait que des allures de Casanova ou de femme fatale.
- Ne flirtez pas avec quelqu'un dont vous savez qu'il vous porte un intérêt très vif que vous ne partagez pas, ou qui vous laisse indifférent.
- Ayez des regards un peu plus appuyés qu'à l'ordinaire pour faire comprendre votre intérêt mais sans ostentation.
- Ne flirtez pas pour marquer des points contre votre partenaire ni par provocation.
- Prenez conscience de votre langage corporel. Tournez-vous vers la personne qui vous intéresse, adoptez une posture qui reflète la sienne, cela sans application excessive.
- Ne flirtez pas avec une personne dont vous savez le partenaire jaloux.
- Attirez l'attention, mais n'en faites surtout pas trop. Vous voulez vous amuser et non vous donner en spectacle...

Des risques de confusion
Le flirt est tout un art. Mal maîtrisé, il peut causer des dégâts et briser des amitiés.

LA DYNAMIQUE DE L'AMITIÉ

DANS TOUTE RÉUNION en société apparaissent différents niveaux d'interaction, variant avec la nature et la durée des relations existantes, et l'envie, la capacité de nouer de nouvelles amitiés. Le récit qui va suivre vous rappellera peut-être des expériences que vous avez connues lorsqu'il vous fallait animer une conversation entre gens n'ayant rien à se dire ou après que quelqu'un eut sérieusement gaffé. Observer comment changent les comportements vous donnera une meilleure compréhension de la dynamique de groupe, de son action sur les individus et l'ambiance générale.

Les parties en présence

Colette et Robert pendent la crémaillère. Ils ont invité leurs amis, des collègues et quelques-uns de leurs nouveaux voisins. Géraldine, la meilleure amie de Colette depuis le collège, est venue en avance donner un coup de main. Toutes deux prennent un verre et s'installent dans le jardin pour bavarder un moment ; Géraldine vient de rompre une longue liaison et souhaite en parler avec son amie.

Des amitiés qui entrent en conflit

Tandis que Géraldine relate un incident qui montre son ambivalence par rapport à la rupture, Caroline, une nouvelle amie de Colette rencontrée au travail, les rejoint. Géraldine a déjà fait sa connaissance et la juge assez superficielle. Comme elle pense que, de son côté, Caroline la juge sotte et très quelconque, elle se sent mal à l'aise et se tait, ne voulant pas prendre part à la discussion. Caroline se rend compte qu'elle a interrompu une conversation personnelle, mais, estimant qu'il serait maladroit de s'en aller sur-le-champ, elle centre son attention sur Colette. Toutes deux travaillent dans la mode et Caroline se lance pour le plus grand plaisir de son auditrice dans le récit, ponctué de remarques piquantes sur des gens de leur connaissance, d'une présentation magnifique à laquelle elle a assisté.

Colette s'amuse bien mais, s'apercevant que Géraldine se sent laissée pour compte, et elle ramène la conversation sur un sujet plus général. Cependant, en présence de Caroline, Géraldine n'est plus capable de se détendre.

C'est à ce moment-là que Charles, un des nouveaux voisins de Colette, rejoint ces dames une bouteille de vin à la main. Après les avoir servies, il se lance dans une série de blagues irrésistibles qui, bientôt, les fait toutes trois bien rire.

Niveaux d'intimité

Dans un autre coin du jardin, Béatrice, une autre voisine, parle avec Georges qui faisait autrefois partie de l'équipe de handball de Robert. Celui-ci, qui n'a désormais plus grand-chose en commun avec Georges, préfère l'inviter en de telles occasions que le voir en tête à tête. Le couple de Georges bat de l'aile et il en parle avec Béatrice. Elle le trouve plutôt sympathique et voudrait bien l'aider mais elle se sent un peu gênée du fait qu'elle vient tout juste de le rencontrer et qu'elle ne le connaît pas bien.

Charles aperçoit sa voisine Béatrice et s'approche. Elle fait les présentations et Charles, qui ne perçoit pas toujours très bien quelle est l'atmosphère, passe joyeusement en revue pour eux tous les restaurants et lieux publics du quartier. Au début, Georges et Béatrice vivent la présence de Charles comme une intrusion, mais ses manières affables détendent le climat et Béatrice lui est bientôt reconnaissante d'avoir mis un terme au léger embarras qu'elle éprouvait. Georges et Charles se découvrent un intérêt commun pour la voile et les voilà parlant bateaux, quarts et équipiers et s'échangeant des conseils.

Un terrain commun

Béatrice ne prend plus part à la conversation. Elle ne connaît d'ailleurs rien à la voile aussi, sous prétexte que ses hôtes peuvent avoir besoin d'aide, elle laisse là les deux hommes et revient au salon. Elle y trouve Colette et Géraldine et se joint vite à leur conversation. Robert survient, à la recherche d'une bouteille et, désireux de faire connaissance avec sa voisine Béatrice, il se mêle au débat, prend le contrepoint des propos de Géraldine sur un problème d'éthique avec un soupçon de provocation. Détendue, rassurée en cette compagnie, Géraldine riposte cependant et défend son point de vue avec clarté et une certaine véhémence.

Colette peut retourner dans le jardin remplir les verres de ses invités. Elle présente Caroline à Georges et à Charles, et tous trois échangent bientôt leurs impressions sur le film qui vient de sortir sur les écrans et qui fait l'objet des critiques les plus dithyrambiques dans la presse, sur les derniers livres et best-sellers qu'il ne faut surtout pas manquer, ainsi que des documentaires télévisés récemment diffusés. Colette peut rentrer dans la maison rejoindre les autres convives, où la conversation va bon train.

Jouez votre rôle

Vous n'êtes pas nécessairement la même personne partout et avec tout le monde. Avec certains, vous serez aisément vous-même tandis qu'avec d'autres vous aurez l'impression de sortir de votre personnalité et de jouer un rôle de composition.

LES SENTIMENTS NÉGATIFS

VOUS GARDEZ PROBABLEMENT le souvenir d'une occasion où vous avez ressenti du mécontentement, voire une sourde jalousie, en apprenant un coup de chance, un bonheur survenu à un ami. Vous avez peut-être honte de reconnaître que vous éprouviez de tels sentiments à l'égard de quelqu'un que vous appréciez beaucoup, mais toute relation intime connaît des moments d'harmonie et des périodes de mésentente.

Bien des gens qui parlent avec bonheur de problèmes personnels avec un ami éviteront tout sujet qui pourrait conduire à un désaccord. Il peut être plus difficile de résoudre un désaccord avec un ami qu'avec sa compagne ou son compagnon. Il y a davantage de frontières délicates que vous craindriez de franchir, ou bien encore vous penseriez que votre amitié ne résisterait pas si vous deviez traverser trop de turbulences. Il semble souvent qu'il n'y ait aucun moyen de donner libre cours à des émotions telles que l'envie, le ressentiment, la colère ou la rivalité. Pourtant, ces sentiments valent la peine d'être pris en compte. Les admettre ouvertement peut accroître la confiance et la compréhension mutuelles. En outre, vous paraîtrez plus authentique si vous ne pensez pas à l'obligation de cacher certains aspects de votre caractère sous prétexte qu'ils peuvent entraîner un conflit.

Les sources de difficulté

En amitié, il y a bien des causes d'antagonisme possibles. Voici les plus fréquentes :

- **L'envie :** elle peut surgir si votre ami obtient quelque chose que vous désirez ou à quoi vous estimez avoir droit : un bon salaire, une maison magnifique, etc.
- **La rivalité :** elle survient lorsque vous et votre ami visez la même chose, dans le domaine amoureux ou professionnel.
- **La jalousie :** si l'un de vous noue une nouvelle amitié, cette rencontre toute récente peut être vécue comme une menace, engendrer la crainte d'être remplacé.

• **Le ressentiment :** si vous estimez qu'un ami s'est mal comporté envers vous et ne parvenez pas à lui en faire le reproche, vous pouvez être la proie d'un ressentiment et juger que l'autre doit comprendre ses torts sans que vous ayez à les lui faire remarquer.
• **Les divergences de vues :** des amis ne doivent pas nécessairement être d'accord sur tout; vous devez accepter les divergences d'opinions. Il est vrai que si celles-ci se situent dans un domaine décisif, moral, politique, elles peuvent mettre l'amitié en péril.
• **La déloyauté :** la confiance en un ami pourrait être minée si ce dernier ne vous apportait aucune aide au moment où vous en avez besoin et ne prenait pas votre défense lorsque c'est nécessaire.

Faire face au problème

Un des événements qui peuvent éventuellement creuser un fossé entre amis est la venue d'un enfant. L'envie peut naître ou la triste certitude que l'autre n'aura plus un moment pour vous : il ne reste alors que la honte d'être jaloux d'un bébé qui n'est même pas né! Julie, 36 ans, jeune mariée, avait très envie d'un enfant avec Simon, son époux. Après plusieurs mois d'attente et divers examens médicaux, les médecins proposèrent au couple de recourir à une fécondation *in vitro*. C'est alors que Muriel, l'amie de Julie, vint lui annoncer triomphalement qu'elle était enceinte. Elles étaient amies d'enfance et étaient restées très proches. Muriel n'avait une liaison stable que depuis quatre mois, et Julie savait qu'elle aussi avait une envie folle d'un enfant et désespérait d'être jamais mère. Elle n'eut pourtant pas la force de se réjouir pour son amie et ressentit comme un poignard lui traverser le cœur.

Au fil des semaines, ce sentiment s'exaspéra. Julie souffrait mille morts à entendre son amie décrire les symptômes de sa grossesse ou énumérer les prénoms possibles de son futur bébé. Trop honteuse pour avouer ce qu'elle éprouvait, Julie gardait le silence. Elle finit par tant souffrir qu'elle espaça leurs coups de fil, prétexta des empêchements pour ne pas voir Muriel. Celle-ci devina vite l'état d'esprit de son amie et, tout en comprenant sa peine, ressentit une forte déception que Julie ne fût pas capable d'oublier un instant sa propre frustration pour partager sa joie.

Comblez le vide
Il peut sembler parfois qu'un fossé infranchissable nous sépare tout à coup d'un ami – un problème qu'on ne peut ni traiter de front ni ignorer – mais si chacun tient à cette amitié, vous finirez par trouver la solution pour franchir le fossé.

À la recherche d'une solution

Jusque-là Julie et Muriel avaient déjà vécu ensemble des heures difficiles – problèmes de cœur, crises professionnelles, soucis d'argent –, mais elles s'étaient toujours senties embarquées sur le même bateau et assurées d'un soutien réciproque. Muriel ne voulait pas perdre l'amitié de Julie et elle comprit qu'il lui faudrait faire le premier pas. Elle savait que Julie resterait évasive au téléphone, aussi se rendit-elle chez elle un dimanche après-midi.

« Tu es ma plus chère amie, dit-elle à Julie. Avoir un bébé est la chose la plus importante qui pouvait m'arriver et je ne peux me faire à l'idée que tu n'y prennes pas part. Je sais à quel point cela peut t'être pénible, mais ce bébé va avoir besoin de toi, lui aussi. Il lui faut une marraine. Vers qui d'autre ira-t-il quand ça n'ira pas avec ses parents ? » Julie sourit et toutes deux se remirent vite à parler comme auparavant. Julie était heureuse que Muriel lui ait montré combien elle comptait encore pour elle, qu'elle lui était nécessaire et, de plus, elle se réjouit d'avoir un interlocuteur autre que Simon avec qui parler des traitements qu'elle suivait contre la stérilité.

SURMONTER LES DÉSACCORDS

La plupart d'entre nous préfèrent éviter de soulever le problème des désaccords, surtout lorsque nous nous sentons mécontents ou en colère ; nous appréhendons même jusqu'à l'idée de devoir dire à un ou une amie qu'il ou elle nous a énervés ou blessés. Ce que l'on fait plus volontiers est se plaindre à un autre ami ou à son compagnon, sa compagne, ou alors de lancer quelques allusions voilées en espérant être compris et bientôt recevoir les excuses de qui, à notre avis, a mal agi. Mais l'attitude la plus courante est tout simplement de ne rien dire dans l'espoir que le problème se réglera de lui-même et que notre colère va se dissiper.

Des amitiés solides
Les amitiés les plus solides tiennent à la volonté de l'un et de l'autre de veiller à ne pas laisser de rancune ou de conflits non traités miner leur entente.

Exposer au grand jour ses griefs

Malheureusement, aucune de ces approches ne règle le problème ; elles risquent au contraire de laisser s'accumuler les rancœurs et les incompréhensions qui finiront par miner l'amitié. Si celles-ci restent inexprimées, elles peuvent prendre de bien plus grandes proportions. Les sentiments négatifs perdront beaucoup de leur puissance s'ils font l'objet d'une discussion. Il ne s'agit pas forcément d'une longue plongée dans la psychologie des profondeurs. Il faut exposer le problème en toute simplicité. Par exemple : « Je suis très content, tu sais, que tu aies eu cette promotion. Tu bosses beaucoup et tu la méritais. Mais (et cela me gêne, il est vrai) je me suis aussi senti envieux. Je ne progresse pas dans mon travail et ta promotion m'en a fait prendre conscience encore plus cruellement. » Cet aveu du sentiment éprouvé peut entraîner une discussion et donner lieu à des suggestions positives qui seront les bienvenues.

Dans certains cas, le problème peut être plus personnel et impliquer des reproches que vous pourriez

faire à un ami qui vous a blessé, déçu ou mis en colère. Cette fois encore, trouver le courage de dire ce que vous ressentez est préférable. Limitez néanmoins vos reproches à ce qui vient de vous déplaire. Si vous faites un réquisitoire exhaustif, votre ami sera aussitôt sur la défensive et vous rendra la pareille. Ne commencez pas en disant, par exemple : « C'est toujours pareil. Tu ne me soutiens pas, même quand tu es de mon avis. » Ouvrez plutôt ainsi la discussion : « Je me suis senti vraiment déçu mardi dernier, quand tu ne m'as pas soutenu. Je pensais que tu étais d'accord avec moi. Y a-t-il une raison pour laquelle tu as préféré te taire ? » Vous aurez de la sorte une discussion plus constructive.

Trouver le terrain d'entente

Il n'est pas nécessaire d'élaborer un véritable plan de bataille, mais il est néanmoins préférable de prendre le temps de réfléchir à ce que vous voulez dire exactement et au moment et au lieu que vous aurez jugés les plus propices.

1. Choisissez un moment où vous êtes en tête à tête et trouvez un lieu relativement tranquille.
2. Gardez votre calme et n'élevez pas la voix.
3. Soyez précis dans vos reproches. Ne passez pas en revue tout ce qui a pu vous irriter depuis des mois. Tenez-vous-en à ce qui, de votre point de vue, a rendu cet entretien nécessaire.
4. Accordez un droit de réponse à l'autre... et sans l'interrompre !
5. Terminez sur une note positive : « Nous nous sommes toujours si bien entendus que je ne voulais pas ruminer ma colère sans rien dire. Ce que j'aime, c'est qu'avec toi je suis vraiment moi-même et cela signifie aussi ne pas esquiver les difficultés. J'espère que tu ne m'en veux pas. Si je tenais moins à toi, je n'aurais pas fait l'effort d'aborder ce sujet avec toi. »

Communiquer est le secret de toute relation. En parlant avec l'autre, vous comprendrez mieux ses pensées et ses sentiments. Apprendre à parler franchement avec ses amis de ce qui est source de conflits et d'agréments ne peut que renforcer l'amitié.

VOS PRÉFÉRENCES EN AMITIÉ

On ne juge pas aujourd'hui de la réussite d'une vie uniquement sur le statut social, la richesse ou la notoriété professionnelle, mais aussi sur les amitiés entretenues. Le Crésus enfermé dans son palais, protégé de tout contact par la plus haute technologie, n'inspire pas l'envie mais la pitié. Chacun a, dans le domaine de l'amitié, ses besoins et ses préférences. Certains ont un très vaste cercle de connaissances mais aucun ami intime, tandis que d'autres préféreront un petit nombre d'amis chers avec qui tisser des liens profonds et durables. Vos amitiés en disent long sur vous-même et vos relations avec autrui. Elles forgent votre identité et votre vision du monde.

Se donner la main…

Les préférences en matière d'amitié varient d'une personne à l'autre et se modifient au cours de la vie. Préférez-vous la compagnie facile d'un grand nombre de personnes ou les liens étroits et intimes d'un petit cercle ?

Quels liens d'amitié nouez-vous ?

Ce questionnaire vous permettra de repérer le type de lien que vous avez tendance à former. Notez la phrase qui, dans chaque groupe, est la plus proche de votre point de vue.

Nouvelles rencontres

a. Faire de nouvelles rencontres est passionnant.
b. Les gens qui ont un mode de vie très différent du mien ne m'intéressent pas.
c. En général, quand on me pose des questions personnelles, je bats en retraite.
d. Je ne peux pas avoir de vrais échanges avec quelqu'un que je viens seulement de rencontrer.

Premières impressions

a. Je réserve mon jugement car je sais que chacun a quelque chose à offrir si on lui laisse une chance.
b. Je peux dire au premier coup d'œil si quelqu'un va me plaire ou non.
c. Je me tiens à distance de quiconque a l'air d'avoir plein de malheurs à raconter.
d. Je peux dire si quelqu'un est sensible ou non.

Style de communication

a. Je suis toujours à l'aise en société et n'ai aucune difficulté à engager la conversation avec un inconnu.
b. Je trouve difficile de communiquer avec des gens qui ne partagent ni mes intérêts ni mes opinions.
c. Je préfère les sujets impersonnels aux sujets personnels.
d. Je ne peux communiquer librement que dans un climat de confiance.

Au travail
a. J'aime mes collègues et m'entends bien avec eux.
b. Je suis amical avec ceux qui pensent comme moi.
c. Je m'entends bien professionnellement avec mes collègues, mais je n'ai pas d'amis parmi eux.
d. Je suis proche de l'un de mes collègues et nous parlons souvent de nos problèmes en déjeunant.

Les voisins
a. J'aime bien discuter avec la plupart de mes voisins.
b. Je fréquente ceux qui ont un mode de vie proche du mien.
c. Je suis poli avec mes voisins, mais je ne les inviterais pas à venir chez moi prendre un café.
d. J'ai de l'amitié pour ceux que je connais bien.

Les étrangers
a. Je suis fasciné par les gens qui ont une culture différente de la mienne.
b. Je ne crois pas que l'amitié soit possible entre des gens de race ou de culture différentes.
c. Je ne tiens aucun compte de leur nationalité tant que je prends plaisir à être avec eux.
d. L'ouverture d'esprit et la sincérité surmontent toutes les barrières.

La soirée idéale
a. Une grande fête avec beaucoup de gens ou une réception dans laquelle il y aurait de nouveaux visages.
b. Une garden-party avec des gens de mon milieu.
c. Une nuit dans une boîte avec des gens marrants.
d. Vider une bonne bouteille en tête à tête avec un ami très cher.

Les vacances idéales
a. Partager une villa au bord de la mer avec d'anciens et de nouveaux amis.
b. Un voyage à Florence avec des amis qui partagent mon amour de l'art et de la cuisine italienne.
c. Des vacances de ski ou de plongée sous-marine.
d. Une quinzaine de jours dans un coin perdu avec un ami de longue date.

Le pire cauchemar
a. Être abandonné sur une île déserte.
b. Être kidnappé par des extraterrestres.
c. Participer à un stage de dynamique de groupe.
d. Être appelé sous les drapeaux.

VOS RÉSULTATS

Si vous avez coché une majorité de réponses **a**, voyez la catégorie **Le grand cercle** ; une majorité de **b**, voyez **La garde rapprochée** ; de **c**, voyez **Le jardin secret** ; enfin, une majorité de **d**, voyez **La confiance partagée**.

Le grand cercle
Vous êtes un de ces heureux qui portent à leurs semblables un réel intérêt, et votre approche sympathique fait que les autres aussi vous donnent le meilleur d'eux-mêmes. Votre grand cercle d'amis compte des personnes avec qui vous vous amusez et celles avec qui vous avez des discussions sérieuses et personnelles.

La garde rapprochée
Vous avez tendance à ne vous lier qu'avec ceux qui ont la même vision du monde que vous. Vous ne fréquentez que les gens de votre milieu et de revenus similaires, qui admirent votre réussite ou font partie de votre sphère professionnelle. Bien que vous ayez des relations amicales étroites et solides, vous pourriez souffrir si les circonstances venaient à changer radicalement.

Le jardin secret
Vous êtes plutôt gai et vous avez probablement un joyeux cercle d'amis, mais vous avez tendance à éviter l'intimité qui vous rendrait vulnérable. Le fait que vous ayez de la difficulté à exprimer vos sentiments peut vous laisser, en cas de problèmes, bien seul face à eux, sans que vos amis puissent vraiment se rendre compte que vous auriez besoin de leur soutien. Les hommes sont plus nombreux que les femmes dans cette catégorie.

La confiance partagée
Vous investissez beaucoup dans vos relations et un seul très bon ami pourrait combler tous vos besoins. Vous ouvrez votre cœur si vous vous sentez en confiance et ne ménagez pas votre aide si celle-ci s'avère nécessaire. En revanche, si une amitié venait à trahir cette confiance, vous auriez sans doute du mal à renouer d'autres liens.

CHAPITRE DEUX

LES RELATIONS AMOUREUSES

LE CONCEPT D'AMOUR est-il resté le même au cours des âges, ou bien avons-nous, dans notre XXe siècle, des attentes bien différentes de celles de nos ancêtres en matière amoureuse ? Mais, d'abord, qu'est-ce donc que l'amour ? Pour certains, comme vous le verrez, c'est un idéal romantique selon lequel chacun être a une âme sœur qui le comblera de satisfaction dans tous les domaines, et la quête de l'amour est tout simplement la recherche de cet être unique qui lui est destiné. D'autres ont une approche différente, plus concrète ; c'est la recherche d'un partenaire compréhensif, aimant et aussi proche de son idéal qu'on peut raisonnablement l'espérer.

Mais chacun a de l'amour une expérience qui lui est personnelle, aussi les attentes dans ce domaine varient-elles considérablement d'une personne à l'autre. Le questionnaire des pages 48-49, « Êtes-vous perspicace en amour ? », vous aidera à cerner ce que vous, vous en attendez.

Vous trouverez ensuite dans ce chapitre l'analyse des divers types de relations amoureuses et, plus particulièrement, de ce qui peut les rendre plus harmonieuses. Des scénarios montrant différents modes de relations dans un couple vous aideront à découvrir celui qui vous convient le mieux, et quels sont vos désirs fondamentaux ainsi que vos craintes dans ce domaine. Une relation heureuse se construit sur des attentes réalistes – aussi bien vis-à-vis de l'autre que du lien qui vous unit – et sur une compatibilité mutuelle. Voyez à quel point vous-même et celui ou celle que vous aimez êtes compatibles, en répondant à tour de rôle aux questions des pages 56-57 : « Y a-t-il compatibilité entre vous ? »

Tandis que certains trouvent le bonheur, d'autres ne cessent de s'engager dans des liaisons malheureuses, qui sont plus ou moins vouées à l'échec. Pourquoi ? Parce qu'il y a des types de comportements qui introduisent un déséquilibre dans la relation : c'est ce que vous découvrirez ici. Il vous sera aussi proposé d'établir le profil de vos anciens partenaires de façon à analyser où et quand les choses ont mal tourné, et à en tirer des enseignements utiles.

La plupart des difficultés que les gens rencontrent dans leur vie amoureuse prennent leur source dans l'enfance. Il se peut que votre attitude ait été fortement, bien qu'inconsciemment, influencée par ce dont vous avez été témoin durant vos jeunes années. Ce chapitre met en lumière les causes possibles des difficultés relationnelles et fait quelques propositions pratiques pour vous permettre d'éviter la répétition de schémas conflictuels.

EN EXAMINANT VOS ATTITUDES DANS VOTRE VIE AMOUREUSE, VOUS POURREZ DÉCOUVRIR DANS QUELLE MESURE VOS ATTENTES SONT RÉALISTES EN CE DOMAINE.

QU'EST-CE QUE L'AMOUR ?

Nombreux sont ceux qui, hier et aujourd'hui, ont essayé de définir ce qu'est l'amour. Psychologues et sociologues s'y emploient encore. De grands écrivains et des poètes l'ont magnifié de tous temps, en ont décrit les plus subtiles manifestations, mais n'ont su dire ni comment ni pourquoi il survient.

Bien qu'on en ait analysé les composantes, qu'on se soit efforcé de classifier, cataloguer les divers types d'amour, son essence demeure toujours un mystère. Une définition à laquelle a abouti un aréopage de psychologues ne fait qu'ajouter à la confusion : « C'est l'état cognitif-affectif caractérisé par des fantasmes d'intrusion ou d'obsession concernant la réciprocité entre celui qui aime et l'objet de son amour. » Certains ont passé des milliers d'heures à démontrer quelques évidences, à savoir que les personnes physiquement attractives ont plus de succès que les autres, que nous sommes davantage attirés par les gens qui nous manifestent leur intérêt, etc. Il n'est pas besoin d'être fin connaisseur de la nature humaine pour aboutir à ces conclusions, et cela n'explique toujours pas pourquoi on tombe amoureux de celui-ci ou de celle-ci et non de l'un ou de l'autre.

Les caractéristiques de l'amour

Nous savons tous ce que nous voulons dire par « amour », mais le problème est que chacun dit une chose différente. Des chercheurs ont demandé à 141 étudiants d'indiquer ce qui, selon eux, caractérisait l'amour. Ils ont obtenu 183 caractéristiques différentes dont 115 n'ont été citées qu'une seule fois. Il existe néanmoins un point de vue que tout le monde partage : il y a d'un côté l'amour que nous ressentons pour notre famille, pour nos enfants, pour nos amis, et, de l'autre, celui qui met en jeu la sexualité et que nous éprouvons lorsque nous sommes engagés dans une relation intime. Cette deuxième sorte d'amour survient, somme toute, bru-

Les romans de chevalerie

Même si nous ne chantons plus l'amour courtois, désormais réservé au folklore, le message qu'il sous-tendait – le preux chevalier venant secourir la dame qui attend passivement – n'est jamais totalement absent de nos pensées.

talement : on « tombe » amoureux. Les sentiments qui vous envahissent sont intenses, associés à une puissante attirance sexuelle. On peut observer des réactions physiologiques mesurables : en présence de l'être aimé, le cœur bat plus vite, tandis que s'installe un émerveillement empreint d'exaltation. Une personne amoureuse change d'apparence : elle est plus énergique, elle semble rayonner, ses yeux brillent... Certains experts comparent cette transformation à celle que provoque l'absorption d'alcool ou de certaines drogues.

Cependant, contrairement à ces euphories artificielles, l'état amoureux peut durer plusieurs mois, voire un ou deux ans. Les sentiments qu'il engendre sont sans doute aussi vieux que l'humanité, mais ce n'est que récemment, et seulement dans la culture occidentale, qu'ils ont été à ce point magnifiés. On considère volontiers aujourd'hui qu'il est bon, pour qu'une relation durable s'établisse, que le couple ait d'abord vécu un « amour fou ».

Idéal et réalité

On parle souvent de l' « histoire » de l'amour. Il s'agit plutôt de l'histoire de l'attitude humaine vis-à-vis de l'amour. En étudiant comment, dans le passé et dans les autres civilisations, les hommes ont considéré l'état amoureux, on s'aperçoit que ce n'est que récemment, et en Occident, qu'il a été tenu pour un signe valable de compatibilité entre deux personnes, une sorte de condition préalable au mariage.

Pour les historiens, la glorification de l'amour remonte au XIIe siècle, aux troubadours de la cour d'Aliénor d'Aquitaine. Ceux-ci chantaient l'amour courtois, passion platonique vouée à une dame mariée que l'on n'idéalisait jamais assez. À cette époque, et pour longtemps encore, le mariage n'avait rien à voir avec cette dévotion. On se mariait pour des raisons purement matérielles, liées au statut social. L'amour pouvait naître par la suite, mais on ne commençait pas par « être amoureux ». Ce n'est qu'au cours du XVIIIe siècle que le fait d'être amoureux a été plus généralement considéré comme un prélude au mariage. Et c'est au cours du XXe siècle qu'il a revêtu la plus grande importance.

De nos jours, l'amour romantique, merveilleux et quelque peu exalté, est souvent considéré comme le « véritable » amour, et la culture populaire lui fait la part belle. Les chansons, les films ne parlent que de cette première période de sentiments intenses. Il faut dire que celle-ci se prête à une peinture plus vive que ne le font les phases ultérieures, plus mûres, moins frappantes. Cela n'aurait guère d'importance si cet émerveillement n'avait pas en réalité tendance à déformer nos perceptions. Vous ne remarquez pas les défauts de l'être aimé, ou bien vous n'y attachez pas d'importance ; et la réciproque est vraie : vous vous laissez voir, intentionnellement ou inconsciemment, sous votre meilleur jour. Dans ces conditions, il est difficile de se faire une idée réaliste des chances de durée d'une relation amoureuse.

Si, pour vous, l'amour est cette ardeur qui vous brûle et rien d'autre, vous risquez d'être profondément déçu lorsque l'intensité des sentiments diminuera, ce qui arrivera inéluctablement. Ces défauts que vous avez ignorés vont alors grossir à vos yeux,

Diverses étapes...
Avant de devenir satisfaisante, une relation amoureuse peut connaître plusieurs étapes d'intensités émotionnelles différentes.

LES TYPES D'AMOUR

Certains psychologues ont défini six types d'expérience amoureuse : l'amour collaboration (on se soutient l'un l'autre) ; l'amour actif (on fait des choses ensemble) ; l'amour intuitif (on communique sans avoir besoin de parler) ; l'amour engagé (on veut surtout rester seuls ensemble) ; l'amour romantique (avant tout, bien s'entendre) et l'amour expressif (on parle de ses sentiments).

D'autres psychologues distinguent des catégories auxquelles ils donnent des noms grecs ou latins : Éros, romance et perfection ; Ludus, jeu et flirt ; Storgè, amour-amitié ; Pragma, considérations matérielles ; Mania, jalousie, obsession et possession ; et enfin Agapè, compassion et altruisme.

vous amenant peut-être à une nouvelle appréciation, là encore irrationnelle, de l'être aimé, lequel vous apparaîtra comme dévalué. On voit des relations, pourtant prometteuses, se rompre à ce moment-là.

« Faire sa cour »

On ne fait plus sa cour de façon aussi formelle qu'autrefois, mais, dans certaines cultures, la tradition subsiste. On emploie cependant encore ce terme pour décrire le processus selon lequel un couple d'amoureux approfondit sa relation dans la perspective d'une union durable. Il s'accompagne parfois de fiançailles. On fait plus ample connaissance, on parle plus intimement de soi et de la façon dont on envisage l'avenir. C'est aussi la période où chacun présente l'autre à sa famille, à ses amis, pour s'instituer en tant que couple. Lorsqu'il y a vraiment compatibilité, outre la passion partagée, cette phase peut conduire de l'intense ferveur de l'état amoureux à l'amour plus profond, qui est la marque d'une relation durable. Quand les différences, les petites déceptions, font surface, le couple peut apprendre à les accepter s'il est encore mû par l'ardeur de l'état amoureux.

Des chercheurs ont étudié chez de jeunes couples l'intensité de leurs sentiments et le temps qu'ils passaient ensemble en diverses activités. Quelques mois plus tard, il leur est apparu que la force des sentiments n'était pas un gage de durée, mais que le temps passé ensemble en ayant un objectif commun pouvait l'être.

L'engagement

Passé le temps de l'amour romantique, une relation, pour devenir durable, voire pour se muer en un lien conjugal, a besoin d'autre chose que de passion. Il lui faut des éléments qui s'apparentent également à l'amitié, tels que la tendresse, le respect, l'admiration. Lorsqu'un couple s'engage, forme

Œuvrer ensemble

Une relation heureuse, réussie, naît de la volonté des deux partenaires d'œuvrer ensemble, de partager les responsabilités comme les plaisirs.

le projet de fonder une famille, alors ce n'est plus la passion amoureuse qui occupe une place centrale; elle fait place à d'autres considérations.

Perspectives d'union

Une relation de couple peut parfaitement fonctionner sans amour, mais ce n'est pas ce que, pour la plupart, nous souhaitons. L'amour, avec toutes ses variantes, ses nuances, procure une des plus grandes joies de la vie. Il faut cependant comprendre que, s'il est vrai qu'il aplanit le chemin et apporte de profondes satisfactions, il n'est pas la seule composante d'une union réussie.

C'est merveilleux de tomber amoureux, mais il faut admettre qu'il est possible d'être passionnément épris de quelqu'un qui ne nous convient pas du tout. On ne doit pas non plus croire que, lorsque la passion – comme il est naturel – vient à s'apaiser, cela signifie que la relation est en train de mourir.

Le fait d'être épris procure l'élan qui permet de franchir les obstacles que rencontre toute liaison au cours de sa formation, mais l'amour, à lui seul, ne résout pas tout. À la longue, des valeurs telles que la tolérance, l'humour, la compréhension se révèlent plus importantes que l'intensité de la passion. De plus, surmonter ensemble les tracas de tous les jours et les crises plus graves qui ne manquent pas de survenir au cours des années donne plus de profondeur à l'amour partagé.

Bien que la passion initiale s'efface toujours, il est de nombreux couples qui conservent leur amour au fil des ans. Celui-ci n'est plus alors le résultat miraculeux de la seule présence de l'autre, c'est l'expression plus consciente d'une générosité, d'une tendresse. L'amour qui dure s'enracine dans l'affection, dans l'intérêt mutuel, dans l'expérience partagée, et il procure un bonheur plus intense et plus profond que le précaire ravissement des débuts.

LE COUP DE FOUDRE

Pour certains, le coup de foudre est un mythe. Néanmoins, trop de personnes ont éprouvé au premier regard cette passion dévorante et immédiate pour qu'on puisse en nier l'existence. Mais quelle valeur lui accorder? Un sentiment qui vous saisit si soudainement, si brutalement, peut-il être le fondement d'une relation durable?

Des études ont montré que nous avions une mystérieuse tendance à être attiré dès le premier regard par des personnes qui présentent vis-à-vis de nous certaines similarités sur le plan psychologique. Ajoutez cet élément, également mystérieux, qu'est l'attirance sexuelle, et vous avez tous les ingrédients du coup de foudre. Il peut, certes, disparaître rapidement, mais un grand nombre de couples stables et durables se sont constitués de cette manière.

L'avenir de ce genre de rencontre tient à la nature de l'attirance émotionnelle sous-jacente : est-elle saine ou non? Certaines personnes sont parfois compulsivement attirées par un être qui les fera souffrir. Le coup de foudre est la quintessence de l'état amoureux : l'avenir du lien qu'il suscite dépend de la compatibilité du couple et de sa volonté mutuelle de construire une relation au-delà des premiers émois.

De l'éclair à la chaleur
Certains couples savent établir, à partir du coup de foudre initial, une relation durable et harmonieuse.

L'AMOUR EST-IL VOTRE DROGUE ?

Lorsque vous êtes fortement attiré par une nouvelle personne, vous sentez-vous transporté au septième ciel, débordant de vitalité ? Cela vous arrive-t-il très fréquemment ? Si c'est le cas, alors vous êtes peut-être intoxiqué par l'amour !

Pour certains, tomber amoureux est si important que c'est la seule chose qui donne du goût à leur existence : l'amour est comme une drogue. Ils sont enivrés par cette première flambée de la passion, et, même lorsque leurs aventures tournent court, les unes après les autres, c'est ce qu'encore et encore ils recherchent. Pour eux, l'amour n'est pas l'amour s'il n'est pas accompagné de ces turbulences, de ces bouffées d'adrénaline, de cette sensation de quasi-lévitation, de cette impression que des papillons palpitent dans leur estomac.

Le problème de ces « intoxiqués » est qu'il leur devient impossible de connaître une relation durable, qui demande un engagement. Ils rêvent de connaître des liens étroits, affectueux, mais n'y parviennent jamais. Dans leur histoire personnelle, l'amour ne s'épanouit pas peu à peu, il sombre tout d'un coup. Ils ne savent pas fixer leur choix sur la personne avec laquelle l'amour puisse durer et ne savent pas comment le laisser se développer de lui-même.

Que répondez-vous ?

Pour savoir si l'amour est votre drogue, répondez aux questions suivantes par « le plus souvent », « parfois » ou « jamais », puis voyez page 138 l'analyse de vos réponses.

1. Éprouvez-vous une immédiate et irrésistible attirance à l'égard des personnes avec qui vous avez une relation amoureuse ?

2. Lorsque quelqu'un vous fait « le grand jeu », cela vous incite-t-il à tomber amoureux ?

3. Commencez-vous chaque nouvelle liaison en pensant que, cette fois, ce sera la perfection ?

4. Vous sentez-vous vivre plus intensément dans les turbulences amoureuses ?

5. Cela vous plaît-il d'être bouleversé(e) par un ou une inconnue ?

6. Pensez-vous que votre relation amoureuse doive rejeter dans l'ombre tout le reste de votre vie ?

7. Est-ce que, une fois que la passion a fait long feu, vous vous ennuyez ?

8. Avez-vous été à maintes reprises déçu dans vos liaisons amoureuses, et êtes-vous alors parti à la recherche de quelqu'un d'autre ?

9. Pensez-vous généralement que les choses se passeront bien avec votre prochain partenaire en amour ?

10. Quand vous vous engagez dans une nouvelle relation amoureuse, éprouvez-vous les mêmes émotions qu'avec les précédentes ?

QUAND CE N'EST PLUS L'AMOUR FOU

Que l'amour soit ou non une drogue pour vous, un jour viendra où le flamboiement de la passion va pâlir. Vous penserez peut-être alors que votre relation est moribonde ou que le courant ne passe plus entre vous deux. En réalité, vous entrez certainement dans une nouvelle phase où l'intimité affective est plus importante que l'intimité sexuelle, où le doux bien-être de la tendresse l'emporte sur la passion. Cette phase est plus réaliste et plus durable que la précédente. Elle fait partie du devenir normal d'une relation saine, et chacun dans le couple doit être prêt à s'adapter à ces changements.

Si vous trouvez que votre joie fait place à du contentement, que votre présence auprès de l'autre «va de soi», sans plus, lisez ces conseils :

- Soyez honnête envers vous-même et envers l'autre, et œuvrez ensemble à approfondir votre relation, à l'enrichir.
- Votre vie sexuelle ne doit pas nécessairement être l'aventure la plus audacieuse ; ne la laissez pas cependant devenir routinière. Voyez, pages 136-137, «Parfums et épices».
- Acceptez le nouvel état de choses tout en cherchant ensemble les domaines où votre relation s'affadit.
- Trouvez de nouvelles activités communes : voyages, cours du soir, club de sport ou de photographes amateurs…
- Comprenez que votre relation doit laisser de la place à d'autres liens, et ne négligez pas ceux-ci.

Sur la bonne piste
Quand il semble que l'amour fou ne vous consume plus, passez sur une nouvelle voie : celle d'une intimité affective plus profonde.

- N'essayez pas d'être tout l'un pour l'autre : vous avez des attentes qui vous sont propres, auxquelles vous devez consacrer du temps, comme d'ailleurs à votre famille, à vos amis.
- Ne laissez pas la routine gouverner votre vie. Lorsque l'imprévu est banni, ce peut bien être la mort de toute émotion.
- Communiquez en permanence – au sujet de vous-même, de votre couple, de vos centres d'intérêts. Si vous n'avez rien à vous dire, la relation n'a guère de chances de survivre.
- Soyez prêt à voir votre relation changer et évoluer, et à ajuster les modalités de votre vie commune. Voyez «Gérer le changement», pages 104-105.

Doux mais amer
De même que manger des bonbons toute la journée, tomber sans cesse amoureux peut être agréable sur le moment mais finit par donner un haut-le-cœur.

LES DIVERS TYPES DE RELATIONS AMOUREUSES

Les années passant, vous attendez de la vie des choses différentes. Dans l'enfance, les souhaits peuvent se résumer à ne pas être couché trop tôt ou à manger des bonbons toute la journée ; un peu plus tard, il importe plus de réussir ses examens ou d'obtenir un rendez-vous avec le bourreau des cœurs du collège ; à l'âge adulte, votre désir peut être avant tout de réussir dans votre métier ou de créer un cadre de vie harmonieux pour vos enfants. De la même manière, les relations que vous souhaitez établir vont évoluer au fil des ans : adolescent, on ne cherche pas le même type de liaison que lorsque, ayant mûri, on désire fonder une famille.

Jusque vers vingt-cinq ans, la passion romantique peut être la chose la plus importante. Jeune parent, vous aurez sans doute envie de plus de stabilité et d'un engagement différent. Plus tard dans l'existence, ce sont les bienfaits de la vie en commun qui peuvent davantage vous retenir. C'est là, bien évidemment, généraliser : certains ne recherchent durant toute leur vie que la passion, et d'autres souhaitent très tôt trouver un compagnon ou une compagne.

Certains chanceux épousent leur premier amour, et leur relation se transforme à mesure que changent les circonstances de leur vie et leurs besoins. Mais il n'est pas rare aujourd'hui de connaître – au moins dans les premiers temps – plusieurs liaisons successives, dont chacune revêt en soi une grande importance.

Soyez conscient de vos besoins
Pour un jeune couple, le plaisir et la passion peuvent primer sur l'engagement et la stabilité.

Satisfaire vos besoins

Quelle que soit l'étape de la vie que vous traversez, le choix d'un partenaire sera facilité si vous savez ce que vous attendez de la relation. Si, dans un couple, l'un veut prendre du bon temps et l'autre recherche la sécurité et la vie de famille, il y aura vite des problèmes, si bonne que soit l'entente au début. C'est parfois précisément parce qu'on ne dit pas ce que l'on souhaite vraiment que surgissent des difficultés qui auraient pu être évitées.

Il sera toujours difficile d'admettre qu'une liaison qui vous a autrefois satisfait ne vous satisfait plus. Essaierez-vous alors de changer les modalités de la relation, ou chercherez-vous quelqu'un d'autre ? Si vous n'êtes pas mariés, si vous n'avez pas d'enfants ensemble, vous pouvez y mettre un point final. Plus vos vies sont intriquées – enfants, familles, argent et amis en commun – plus la rupture est difficile. Bien des gens se séparent, les chiffres du divorce le prouvent ; mais certains tentent d'autres solutions : par exemple, des liaisons successives pour se libérer des tensions existant dans le couple. Parfois, cela se fait ouvertement, chacune des personnes impliquées étant pleinement informée de la situation.

D'une certaine manière, il s'agit là de la version occidentale – et tourmentée – de la polygamie, cette pratique du partenariat multiple traditionnelle dans certaines cultures. Dans ces sociétés, le plus souvent, c'est l'homme qui a plusieurs femmes, selon sa capacité à subvenir à leurs besoins – bien que, dans certains endroits, c'est la femme qui puisse avoir plusieurs époux. Dans ces structures, toutes les épouses sont légitimes et font partie de la même famille, où le pouvoir de chacune est défini en fonction de la hiérarchie et de l'âge. Ce type de famille « étendue » pourvoit au soin et à l'éducation de tous les enfants.

L'équivalent de cette formule, dans notre société, est l'adultère ou le divorce et le remariage. Mais la stabilité y fait défaut. Ceux qui choisissent de vivre en union libre, tout comme les divorcés, n'ont guère de sécurité, et les enfants en sont souvent les grands perdants, tant sur le plan affectif que matériel.

Trop d'exigences

Les facteurs qui peuvent accélérer la rupture d'une relation sont nombreux. Tout d'abord, le divorce n'est plus l'objet de mépris et de désapprobation qu'il était naguère. On change de lieu de résidence plus

Tout au long du chemin
Au fur et à mesure qu'on avance dans la vie, ce qu'on attend d'une relation et les qualités que l'on recherche en l'autre peuvent changer du tout au tout.

souvent que par le passé, et l'on ne dispose plus du réseau familial et amical qui pouvait apporter son soutien dans les périodes difficiles.

En outre, le mariage n'est plus obligatoirement cette association d'une femme au foyer et d'un homme gagnant de quoi faire vivre la maisonnée, association qui instaurait une mutuelle dépendance plus importante que le bonheur individuel. Par ailleurs, l'espérance de vie a augmenté, et la mort vient beaucoup plus tard que par le passé mettre un terme à l'union.

Une autre cause, moins tangible mais tout aussi importante, est que l'on n'accepte plus aujourd'hui qu'un seul type de relation conjugale, c'est-à-dire un partenariat intense et exclusif dans lequel chaque membre du couple doit satisfaire tous les besoins affectifs de l'autre : aide, soutien, amitié, passion et bonheur. Toutes ces exigences pèsent lourdement sur les relations les plus solides. Le bonheur est une chose qui vient, qui s'en va et qui revient, et l'on voudrait qu'il soit toujours présent. Il suffit que l'on traverse une période moins faste – et de telles périodes sont, de nos jours , monnaie courante – pour que celle-ci soit considérée comme une remise en cause de la relation.

Les facteurs en jeu sont évidents, mais les solutions le sont moins. Certains fixent un terme au contrat, homme et femme s'engageant par exemple à rester mariés quoi qu'il advienne, tant que les enfants ne sont pas élevés. Avec la possibilité de négocier un second bail si tout va bien !

Aujourd'hui, en tout cas, il incombe à chaque couple de trouver ses propres solutions, en sauvegardant autant que faire se peut le bien-être de tous. C'est un défi qui nous est lancé et qui peut offrir les plus grandes gratifications.

ÊTES-VOUS PERSPICACE EN AMOUR ?

Êtes-vous convaincu que l'amour suffise pour entretenir une union heureuse, ou pensez-vous qu'il faut se donner un peu de mal pour cela, sans savoir clairement comment vous y prendre ? Dans tous les types de relations, passion fulgurante ou amour d'une vie, il existe des éléments qui en assurent le succès. Bien des couples s'effondrent parce que chacun a des attentes irréalistes – vis-à-vis de lui-même, de l'autre ou de ce que peut lui apporter leur relation.

Le questionnaire qui suit vous permettra d'évaluer votre attitude en ce domaine. Lisez chaque affirmation et voyez en quoi elle correspond à ce que vous pensez aujourd'hui ou avez éprouvé dans le passé. Répondez à chacune d'elles par « tout à fait d'accord », « en partie », « assez peu » ou « pas du tout ». Si vous êtes perspicace en amour, cela ne signifie pas que vous forgerez des liens satisfaisants avec tout partenaire potentiel, et, si vous ne l'êtes pas, que vous êtes condamné à subir une série d'échecs. Des réponses honnêtes vous aideront à savoir si vos attitudes et vos actes sabotent ou non tous les efforts que vous faites pour vivre un amour réussi.

1. Les gens vraiment amoureux passent tout leur temps ensemble.

2. Dire à l'autre que je l'aime compense les moments où je le traite mal.

3. Les contraires s'attirent. Je veux que celui ou celle que j'aime soit tout à fait différent de moi.

Choisir le réel
Rêver d'amour tout éveillé ne semble pas nuisible, mais, en réalité, si cela vous empêche de vivre une véritable relation, imparfaite peut-être mais réelle, vous gâchez vos chances de connaître un amour heureux.

4. Si quelqu'un se montre attiré par moi, cela m'incite à m'engager dans une liaison.
5. Si je décèle chez l'autre un trait de caractère qui ne me plaît pas, je sais que je peux le modifier.
6. Si ma compagne ou mon compagnon me convient, alors l'amour pourvoira à tout.
7. Tant que tout va bien sur le plan sexuel, tout va bien en général.
8. Si je me sens attiré(e) par d'autres personnes que celui ou celle que j'aime, cela m'inquiète.
9. Quand une relation fonctionne bien, elle est toujours stimulante.
10. Je ne peux apprécier la vie que si je vis une relation amoureuse.
11. Si je suis éperdument épris(e), c'est la preuve que notre relation est bonne.
12. Mon amour et moi, nous devons être en permanence sur la même longueur d'ondes.
13. Au début d'une liaison amoureuse, j'ai le droit de tout savoir de mon partenaire.
14. J'ai si souvent souffert que j'ai du mal à faire confiance à l'autre.
15. Si l'autre m'aime vraiment, il doit toujours être content de me voir, même si je suis en retard ou si j'arrive à l'improviste.
16. J'aime la franchise, et je dis toujours à celui ou celle que j'aime exactement ce que je ressens ou ce que je pense.
17. Je ne juge pas indispensable de rompre avec d'autres personnes quand j'entretiens une liaison.
18. J'aime que l'autre s'intéresse à tout ce que j'aime faire.
19. Quand je vis une relation intime, je ne vois plus ni ma famille ni mes amis.
20. Quand je n'ai plus le vertige, c'est que la relation amoureuse est terminée.

Conclusion

Vos réponses à ces questions doivent vous montrer comment vos attitudes nuisent peut-être à votre projet de vivre une relation harmonieuse. Étudiez votre passé affectif, et voyez si l'un de vos comportements ne s'explique pas par des problèmes, des échecs que vous auriez subis. Il n'y aurait aucune honte à cela : personne n'est parfait.

Admettre que l'on est, au moins en partie, responsable des difficultés éprouvées est un premier pas vers l'établissement de liens étroits et durables.

VOS RÉSULTATS

Comptez 4 points chaque fois que vous avez répondu « tout à fait d'accord », 3 points pour « en partie », 2 points pour « assez peu » et 1 point pour « pas du tout ».

- Un score de 60 à 80 points indique que vous manquez totalement de perspicacité. Réfléchissez : en donnant libre cours à vos fantasmes, en rêvant du parfait amour, vous sabotez tous vos efforts pour vivre une union heureuse et vous vous créez en plus bien des peines de cœur. Il vous faut porter un regard sans indulgence sur votre comportement et comprendre en quoi il a engendré des problèmes dans le passé. Ne vous lamentez pas : vous n'êtes pas condamné à être maltraité puis abandonné. Vous pouvez apprendre à choisir plus judicieusement vos partenaires et à vous comporter d'une façon qui mobilise le meilleur de vous-même et de l'autre.
- Si votre score est de 40 à 59, vous manquez encore de perspicacité. Vous allez au-devant de souffrances et êtes peu enclin à faire confiance. Pourtant, vous êtes toujours convaincu que l'âme sœur viendra et que tout sera alors merveilleux. Soyez plus réaliste quant à ce que vous attendez de l'amour, et introduisez quelques changements dans votre comportement à l'égard de vos partenaires.
- Avec un score de 30 à 39, vous êtes assez perspicace dans certains domaines, mais vous conservez quelques idéaux romantiques peu réalistes. Une histoire d'amour implique des gens ordinaires : vous n'avez nul besoin d'être parfait, et l'autre non plus. Efforcez-vous de concevoir une relation qui s'inscrive dans votre vie, qui ne soit pas *toute* votre vie.
- Si vous totalisez de 20 à 29 points. Vous faites preuve de perspicacité. Vous savez que l'amour, pour faire durer une relation, ne suffit pas, et par ailleurs vos espoirs sont réalistes. Regardez à nouveau les affirmations qui vous ont valu un point, et voyez si elles n'évoquent pas un problème rencontré par le passé.

VOS ATTENTES SONT-ELLES RÉALISTES ?

À différentes époques de la vie, il nous arrive à tous de trouver ce bas monde bien invivable. La vie quotidienne, avec ses épreuves, ses défis, est souvent une lutte sur tous les fronts. Beaucoup d'entre nous travaillent, étudient, élèvent leurs enfants dans un univers qui leur semble hostile, anonyme et froid, particulièrement lorsque, de surcroît, des problèmes personnels viennent augmenter notre solitude et notre vulnérabilité. Autrefois, on acceptait mieux ces duretés de la vie parce qu'on mettait tout son espoir dans le paradis que l'on goûterait dans un autre monde. Cependant, dans notre siècle plus matérialiste, la culture occidentale a forgé une croyance dominante selon laquelle la panacée, pour lutter contre tous les maux que réserve la vie, serait « la relation parfaite ».

La relation parfaite

Naturellement, cette relation parfaite n'est qu'un mythe. Et, de tous les mythes modernes, c'est peut-être le plus puissant, répandu par toutes les visions enchanteresses du cinéma, de la chanson, de la littérature romanesque. Dans cette relation idéale, le partenaire apporte à l'autre tout ce que celui-ci peut désirer ; c'est la satisfaction, par une union quasi mystique de tous les besoins physiques, intellectuels, spirituels et affectifs de deux êtres. Pis encore, cette extase est censée durer éternellement. En un mot, cette relation parfaite est tout ce que notre monde imparfait – mais réel – n'est pas.

Courir après cette chimère n'est pas exempt de danger ; cette quête est bien souvent la raison sous-jacente de la déception, du mécontentement dans une relation, et la cause de son échec. Bien des gens pensent que cette phase enivrante de l'état amoureux est ce que l'amour a de plus véridique. Alors, tout est harmonie et volupté. La passion flamboie et la communication s'opère sans effort. Les difficultés de la vie ne sont que broutilles, parce qu'un être est là qui est pour vous le centre de l'univers.

Il peut être douloureux de s'éveiller de ce rêve et d'accepter que ces élans romantiques aient forcément une fin. Néanmoins, cette prise de conscience est indispensable si l'on veut développer une relation heureuse et authentique.

Une image irréelle
L'idée de la relation parfaite n'est qu'un mirage séduisant, vain et inconsistant.

Des postulats erronés

Deux personnes qui vivent ensemble attendent naturellement beaucoup l'une de l'autre, tant sur le plan matériel que sur le plan affectif, et c'est on ne peut plus naturel. La situation se gâte lorsque l'une des deux se met à considérer que, en quelque sorte, l'autre lui appartient. À partir de ce moment, elle s'autorise des exigences insensées.

Ce postulat fâcheux nous conduit entre autres à considérer que la vie de notre partenaire n'a pas d'autre fonction que d'être complémentaire de la nôtre. Ce qui, auprès de tout autre, doit être mérité, nous l'attendons de la personne aimée comme notre dû. Quelle que soit notre occupation, elle doit s'y intéresser, même si cela ne présente aucun intérêt ou si elle a bien d'autres choses en tête. Nous voulons être continuellement respectés, soutenus, même quand nous ne le méritons pas. Nous exigeons d'être aimés au moment où nous sommes parfaitement détestables, et désirés lorsque nous nous sommes laissés aller au point de ne plus inspirer de désir. Parce que notre partenaire est « à nous », il nous semble que tout nous est dû. Cela est particulièrement vrai sur le plan émotionnel. Si nous sommes mécontents, déçus par la vie, quoi de plus facile que de lui en imputer la responsabilité, comme si c'était à lui et non à nous de garantir notre bonheur ?

Cette idée qu'une personne va à elle seule satisfaire

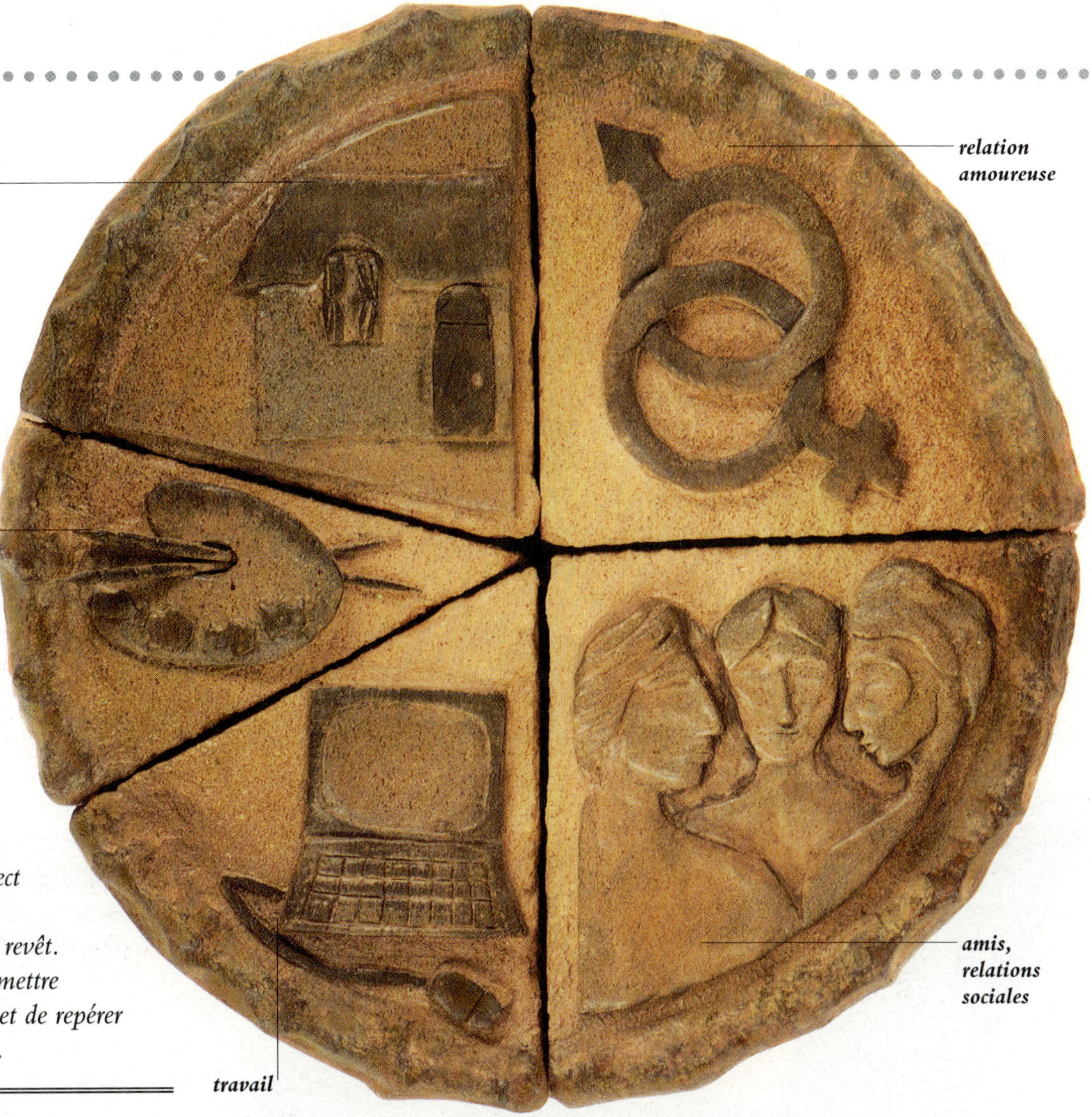

Une vue d'ensemble
Représentez chaque aspect de votre vie en évaluant l'importance que chacun revêt. Cela vous permettra de mettre les choses en perspective et de repérer d'éventuels déséquilibres.

tous nos besoins est un des aspects les plus néfastes du mythe romantique. Chacun a ses forces et ses faiblesses, et chacun grandit et évolue avec le temps. Une jeune femme qui se marie à l'âge de vingt ans aura des exigences différentes cinq ans plus tard, si elle doit concilier l'excercice d'un métier et l'éducation de ses enfants. Un jeune homme qui commence une carrière professionnelle attendra d'autres choses de sa partenaire plus tard, lorsque son avenir sera mieux assuré. N'oublions pas non plus que nos besoins changent en fonction des circonstances et varient avec votre humeur. Vous devrez accepter, par exemple, que l'autre soit un soutien merveilleux lorsque vous n'êtes pas en forme et qu'il ait plus de mal à partager vos grands moments d'enthousiasme. Ou encore que ce soit la compagne ou le compagnon idéal pour une promenade en forêt, mais certainement pas dans une réception mondaine.

Équilibrer sa vie

Votre relation amoureuse doit s'inscrire dans une vie équilibrée, qui ait ses différents domaines et non un seul point d'ancrage. Dans son ouvrage *Feel the Fear and Do it Anyway*, la psychologue américaine Susan Jeffers propose de faire la « grille de la vie » où sont représentées toutes les composantes de votre vie : relations, famille, amis, travail, activités de loisirs, le temps solitaire et le temps partagé. Essayez-vous à cet exercice en faisant un diagramme circulaire comportant tout ce qui constitue votre vie : il vous aidera à prendre du recul. Que votre relation se situe dans un cadre plus large ne signifie aucunement que vous allez la négliger, ni que vous en aimerez moins votre compagne, votre compagnon. Cela signifie que vous respectez votre individualité et la sienne ; cela libère aussi la relation qui vous unit des attentes irréalistes et des exigences insensées.

COMMENT FAIRE LE BON CHOIX ?

BIEN ENTENDU, vous n'iriez pas délibérément vous jeter dans les bras de quelqu'un qui vous rendrait malheureux, et, si vous saviez une relation amoureuse vouée à l'échec, vous y regarderiez à deux fois avant de vous y lancer. Beaucoup cependant savent qu'ils font des choix malheureux à répétition, qu'ils s'engagent à corps perdu dans des aventures sans issue.

Ce serait merveilleux s'il existait un miroir magique qui teste infailliblement les chances de longévité, de réussite d'une éventuelle liaison. Mais rien n'est certain dans ce domaine ; il arrive même qu'un amour tourne court entre les personnes les plus harmonieusement assorties. Il est toutefois possible d'accroître ses chances en évitant quelques pièges. Vos meilleurs atouts sont votre connaissance de vous-même, la connaissance que vous pouvez acquérir de l'autre personne et l'évaluation de votre compatibilité.

La première chose est de bien repérer votre attitude par rapport à l'état amoureux.

Être amoureux

Comme nous l'avons vu, il est plaisant de tomber amoureux, mais ce n'est pas le signe infaillible que la relation sera une réussite. Il y a des gens qui ont la chance de s'éprendre de personnes avec lesquelles l'entente sera profonde et durable. Mais ce n'est pas donné à tout le monde. Ce que l'état amoureux garantit, c'est la présence d'une forte attirance sexuelle et de sentiments chaleureux propres à assurer un bon début. La plupart des gens n'envisageraient même pas de s'unir s'ils n'avaient pas commencé par tomber amoureux. Mais, à la vérité, la durée et la stabilité d'une liaison reposent sur d'autres éléments. Tant que l'on garde cela à l'esprit, on peut profiter des joies que procure l'amour romantique sans le laisser nous dicter des décisions irréfléchies.

Un choix averti
Avant de fixer votre choix, soyez tout à fait conscient de ce que vous recherchez réellement.

Une nouvelle approche
Comprendre la cause de vos problèmes antérieurs vous permet de mettre au point une autre façon d'aborder une nouvelle relation.

Si vous pensez que, jusqu'ici, vous n'avez pas eu de chance en amour, l'analyse de votre propre attitude peut se révéler payante. Si le désir a toujours été le facteur déterminant, si vous vous lassez rapidement et êtes tenté par d'autres aventures, c'est que vous tombez amoureux pour des raisons purement physiques. Peut-être, dans le passé, avez-vous ignoré ceux ou celles qui ne vous attiraient pas d'emblée. Il serait bon alors que vous prêtiez attention aux personnes qui ne vous séduisent pas au premier coup d'œil ; peut-être découvririez-vous que l'attirance physique elle-même n'est pas forcément immédiate, qu'elle peut, tout comme l'amour, naître et grandir en vous en fréquentant quelqu'un qui ne vous a pas subjugué dans l'instant.

Cependant, il se peut que la sexualité ne soit qu'un des éléments de ce qui vous attire en l'autre, que d'autres forces vous poussent vers qui ne vous convient pas. Voilà une raison suffisante pour essayer de comprendre ce qui vous séduit.

Se comprendre soi-même

Nous avons en général une assez bonne idée de ce que nous recherchons dans une relation amoureuse, mais il est plus difficile de cerner les motivations inconscientes qui affectent nos choix. Sans que nous en ayons conscience, nous sommes enclins à reproduire d'une façon ou d'une autre ce que nous avons connu très jeunes – les liens qui unissaient nos parents et notre relation avec eux, avec nos frères et nos sœurs. Si l'ensemble était satisfaisant, si ces modèles étaient bons, si nous étions aimés et bien traités, tout ira bien et nous serons plutôt attirés par des personnes avec qui il sera possible de vivre heureux.

Or bien des gens n'ont pas un souvenir radieux de leur enfance. Des difficultés entre les parents, les frustrations que nous avons ressenties nous conduisent à « reconnaître » – et nous prenons cela pour une attirance – ceux ou celles avec qui nous pouvons établir des relations analogues. Pour certains théoriciens, nous nous sentons ainsi attirés, même si cela doit nous rendre malheureux, parce que la situation nous est familière. Pour d'autres, ces répétitions tiennent à notre désir inconscient de faire en sorte que ce qui s'est autrefois mal passé se passe bien désormais, de transformer le mal en bien.

La répétition du passé

Nombreux sont ceux qui refusent de telles théories, ne pouvant croire qu'il y ait en eux quelque chose qui les pousse à choisir une personne qui les rendra malheureux. Ils ne voient aucune corrélation entre leur passé lointain et le choix de leur partenaire. Et pourtant une femme peut se retrouver avec un homme violent comme l'était son père, ou peu sensible comme l'était sa mère ; un homme ira choisir une femme querelleuse et geignarde sur le modèle de sa mère, ou une autre qui ne lui porte pas grande estime, sur le modèle de son père... Il n'est pas toujours aisé de faire le rapprochement, mais, si vous vous rendez compte que vous faites souvent un mauvais choix, un regard sur votre propre enfance vous en révélera peut-être les raisons. Si vos relations amoureuses renforcent souvent en vous un sentiment familier d'insuffisance, des craintes, des regrets, considérez que votre subconscient vous fait ainsi savoir que vous avez quelques problèmes à résoudre ; et ce ne sont pas des relations de ce type qui les résoudront.

Il y a deux façons de réagir face à de tels problèmes. L'une est de décider de ne plus vous engager avec les personnes qui vous attirent d'emblée, l'expérience ayant montré qu'elles ne vous valent rien, et de consacrer votre temps à celles auprès desquelles vous vous sentez bien. Curieusement, nombre de ceux qui font de mauvais choix connaissent également des personnes qui ont toutes les qualités souhaitables, mais qu'ils n'arrivent pas à trouver attirantes. Faire un essai avec l'une d'elles serait sans doute judicieux. Ce n'est cependant pas facile, surtout lorsqu'on attache une grande importance à

Premières impressions
Ne vous fondez pas sur vos premières impressions : prenez le temps de bien connaître celui ou celle qui vous attire afin de savoir si vous parviendrez à une bonne entente.

l'attirance physique. Une autre façon plus sûre d'éviter les mauvais choix est de traiter les fixations infantiles qui en sont la cause (voir ci-contre « Être bien dans sa peau »). Bien que cela non plus ne soit pas aisé, plus vous aurez d'estime pour vous-même, plus vos choix seront positifs. Si, par exemple, vous ne vous sentez pas digne d'être aimé, il vous paraîtra aller de soi de vous intéresser à quelqu'un qui vous maltraite. Si, au contraire, vous avez une meilleure image de vous-même, une telle personne n'a guère de chances de vous attirer.

Parmi les illusions que partagent tous les amoureux, l'une des plus importantes consiste à croire que l'on sait de l'autre tout ce qu'on a besoin d'en savoir, l'essentiel étant les sentiments que l'on se témoigne. En fait, la première phase d'amour romantique est le moment où il vous faut avoir les échanges verbaux les plus approfondis et les plus intenses afin d'apprendre à vous connaître mutuellement. Pour savoir si votre choix est bon, il vous faut connaître la nature profonde de l'autre, ses désirs, ses bons côtés comme ses traits de caractère moins sympathiques. Tant que dure l'état amoureux, il est relativement facile de livrer à l'autre ses faiblesses, ses travers. Vous ne ferez un choix heureux et ne vous engagerez à bon escient que si, au préalable, vous prenez le temps et le soin de bien connaître la personne qui vous attire et de la laisser vous connaître le mieux possible.

Est-ce que « ça va marcher » ?

Les discussions qui surgissent dans la plupart des couples tournent généralement autour des tâches ménagères, de l'éducation des enfants, de l'argent et des responsabilités à assumer. C'est là le train-train de la vie quotidienne, qui n'est pas très romantique. C'est pour cette raison, sans doute, qu'au cours des premiers rendez-vous, on n'en parle guère ; cependant, ces sujets viennent vite au premier plan dans une union qui est en train de se construire. Si vous voulez savoir s'il y aura entre vous compatibilité ou incompatibilité d'humeur, il vous faut être capables d'en débattre bien avant que ces questions ne se retrouvent au cœur de votre vie commune.

D'autres éléments entrent évidemment en ligne de compte. Partager les mêmes opinions, les mêmes vues, avoir sensiblement tous deux les mêmes attentes de la vie, tout cela évitera que vous n'ayez plus tard des avis divergents lorsqu'il s'agira de prendre des décisions importantes. Mais la compatibilité dépend aussi de facteurs moins évidents. En voici deux parmi les plus importants : la façon dont vous exprimez vos émotions en amour et celle dont vous manifestez votre colère. Êtes-vous l'un et l'autre gauches et maladroits quand il s'agit de donner ou de recevoir des marques d'affection ? Rentrez-vous votre colère ou, au contraire, la laissez-vous exploser librement ? Une vraie compatibilité repose plus souvent sur la compréhension, sur l'acceptation des modes d'expression et des maladresses de l'autre que sur l'identité de vues. Pour y voir plus clair sur cette question, il est indispensable de prendre le temps de se connaître petit à petit. Si, au bout de trois mois d'amour fou, vous prenez une décision qui engage toute votre vie, il est presque certain que vous n'avez pas encore eu une seule occasion d'être en désaccord; vous n'avez eu que le temps de vous dire de charmants mots d'amour! Pour faire un choix judicieux, qui se fonde sur une réelle connaissance et sur une compréhension approfondie de l'autre, il faut y consacrer du temps. Un choix fâcheux est très souvent le résultat d'une décision trop rapide ou d'un refus d'être attentif aux signes qui indiquent déjà que le bonheur n'est pas à la clé.

Maintenir l'allure

Les attitudes, les comportements changent, les circonstances font naître toutes sortes de difficultés dans la vie en général et dans les unions. Pour que la compatibilité d'humeur reste égale au cours des années, il ne suffit pas d'avoir un jour fait le bon choix. Cela exige de chacun ouverture d'esprit, souplesse et engagement actif. Vous pouvez avoir choisi la bonne personne et néanmoins ne pas trouver le bonheur. Il vous faut encore pour cela mettre autant de soin et d'énergie à construire, à nourrir votre relation.

ÊTRE BIEN DANS SA PEAU

Quiconque se sent bien dans sa peau n'ira pas choisir pour partenaire quelqu'un qui le traite mal. S'attaquer à son manque de confiance en soi, à ses craintes ancrées dans le passé est un long travail, mais il en vaut grandement la peine. Plus vous serez, par vous-même, capable d'être heureux, moins vous serez tenté de nouer n'importe quelle relation dans le seul but d'échapper à la solitude. Vous vous permettrez d'être sélectif.

Commencez par bien vous traiter. Si vous avez une piètre estime de vous-même, vous serez sensible à la moindre marque d'intérêt que l'on vous témoignera. Il est encore plus nécessaire de prendre de l'assurance. Si, dans le passé, vous vous êtes résigné à ce qu'on vous manque d'égards parce que vous pensiez que vos partenaires valaient mieux que vous, qu'ils avaient des talents que vous n'aviez pas, vous mettrez fin à cette résignation en découvrant et en développant vos propres talents.

Prenez comme point de départ un domaine où vous réussissez bien, et réjouissez-vous de vos succès. Dressez-en la liste par écrit. Mais la vraie confiance en vous viendra si vous combattez les faiblesses dont vous êtes conscient, concernant votre intelligence, le contrôle de vous-même, la prise de décisions, etc. Avec de la détermination et du temps, vous ferez des progrès considérables qui vous surprendront.

Réussir là où vous aviez l'habitude d'échouer non seulement vous rendra plus intéressant aux yeux d'autrui, mais vous donnera une confiance et une impulsion nouvelles, et vous convaincra que vous méritez d'être mieux traité que par le passé. Vous vous reconnaîtrez le droit d'être exigeant dans vos choix.

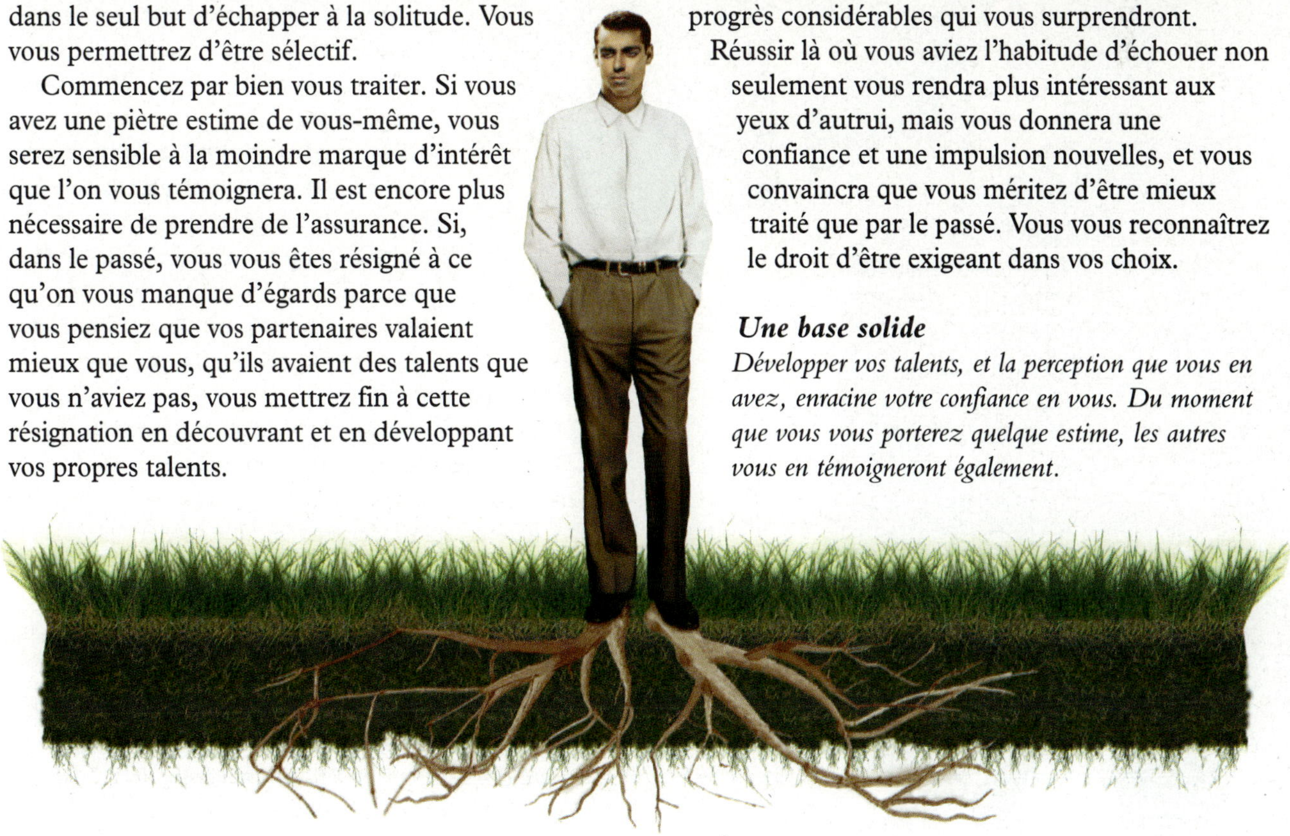

Une base solide

Développer vos talents, et la perception que vous en avez, enracine votre confiance en vous. Du moment que vous vous porterez quelque estime, les autres vous en témoigneront également.

Y A-T-IL COMPATIBILITÉ ENTRE VOUS ?

Ce questionnaire pour deux devrait vous permettre d'évaluer dans quelle mesure vous êtes compatibles. Répondez, chacun à votre tour, par « oui » ou par « non » à toutes les questions, puis comptez combien de fois vos réponses concordent avant de consulter les solutions à la page ci-contre.

Groupe 1

1. Vos parents vivent-ils encore ensemble ?
2. Dans votre famille, êtes-vous l'aîné ?
3. Êtes-vous le benjamin ?
4. Vous situez-vous entre l'aîné et le plus jeune ?
5. Êtes-vous enfant unique ?
6. Vivez-vous encore chez vos parents ?
7. Votre famille est-elle très unie ?
8. Êtes-vous tous deux de la même nationalité ?
9. Appartenez-vous à la même religion ?
10. Êtes-vous tous deux originaires du même milieu social ?
11. Vivez-vous maintenant dans un autre milieu que votre milieu d'origine ?
12. Venez-vous tous deux de la même ville ou de la même région ?
13. Avez-vous voyagé à l'étranger ?
14. Avez-vous fait des études supérieures ?
15. Exercez-vous un métier que vous avez choisi ?

Groupe 2

1. Avez-vous tous deux le même sens de l'humour ?
2. Partagez-vous les mêmes opinions sur le plan politique ?
3. Estimez-vous que nous avons tous l'obligation morale de nous impliquer dans les grandes questions de société ?
4. Selon vous, les valeurs familiales sont-elles en baisse à notre époque ?
5. Lorsque c'est possible, les personnes âgées doivent-elles vivre dans leur famille plutôt que dans des maisons de retraite ?
6. Est-il essentiel pour un couple d'avoir des enfants ?
7. Une des tâches les plus importantes dans la vie est-elle d'être un bon parent ?
8. Des parents qui ne s'entendent plus doivent-ils rester ensemble pour le bien des enfants ?

Des vues identiques

Au début d'une relation, les différences d'opinions semblent peu importantes. Mais, si vous envisagez une union durable, il est bon d'identifier les éventuels domaines dans lesquels vous êtes nettement en désaccord l'un avec l'autre.

9. Est-il acceptable de laisser à d'autres personnes le soin de s'occuper de vos enfants ?
10. Une mère doit-elle rester au foyer tant que ses enfants sont encore très jeunes ?
11. Un couple doit-il partager équitablement les tâches ménagères et les soins à donner aux enfants ?
12. Est-il plus important d'avoir un bon salaire que de faire un travail qui vous plaît ?
13. Est-il plus important, selon vous, de faire des économies plutôt que de vous offrir ce que vous désirez selon l'inspiration du moment ?
14. Dans un couple, est-il souhaitable que chacun garde son indépendance dans le domaine des loisirs et conserve ses propres centres d'intérêt ?
15. Si l'autre n'aimait pas vos meilleurs amis, cesseriez-vous de les voir ?

Groupe 3
1. La relation amoureuse est-elle ce qu'il y a de plus important dans votre vie ?
2. La réussite professionnelle doit-elle passer avant tout le reste ?
3. Attendez-vous de votre compagne, de votre compagnon, qu'elle ou il soit « votre moitié » ?
4. Désirez-vous une compagne, un compagnon, qui prenne à jamais soin de vous ?
5. La perspective de la solitude est-elle ce qui vous effraie le plus ?
6. Cherchez-vous quelqu'un de solide, sur qui l'on puisse compter, pour fonder une famille et avoir des enfants ?
7. Pensez-vous que le secret de la durée d'une relation soit lié à la qualité des relations sexuelles ?
8. Vous décririez-vous comme quelqu'un de particulièrement extraverti et optimiste ?
9. Pensez-vous que l'expression franche de la colère contribue à détendre l'atmosphère ?
10. Pensez-vous que, avec le temps, tous les couples se désunissent ?
11. Est-il important que, dans le couple, chacun passe régulièrement un peu de temps seul ?
12. Pensez-vous qu'en évoquant les problèmes personnels on ne fasse que les empirer ?
13. Dans un couple, faut-il être toujours parfaitement honnête avec l'autre, même si la vérité risque de faire mal ?
14. La jalousie obsessionnelle est-elle, selon vous, une vraie preuve d'amour ?
15. L'infidélité est-elle une chose que vous ne pardonneriez jamais, quelles que soient les circonstances ?

SOLUTIONS

Si 15 réponses au plus sont concordantes, votre compatibilité à long terme est très peu probable. Lorsque les émois des débuts auront disparu, les différences fondamentales existant entre vous commenceront à faire des remous, et il y a de forts risques que votre relation n'y survive pas.

Si le nombre des réponses identiques est de 16 à 30, les chances de compatibilité existent. En repérant les domaines dans lesquels vous divergez, vous pouvez commencer à traiter les mésententes possibles avant qu'elles ne dégénèrent. La stabilité de votre relation dépendra de votre aptitude à laisser le dialogue ouvert.

Si le nombre de réponses concordantes dépasse 30, vous êtes décidément bien assortis. Vous attendez la même chose de votre relation et envisagez de la même manière votre future vie de famille. Le pronostic sur le long terme est très satisfaisant.

Certains facteurs – comme l'identité des milieux d'origine, de la race, de la religion – contribuent à favoriser la stabilité d'une relation, mais ils ne sont pas décisifs en eux-mêmes. Si tel était le cas, seuls ceux et celles qui épousent leur voisin ou leur voisine de palier dans le quartier de leur enfance auraient leur chance de former un couple heureux.

Votre personnalité, le système de valeurs que vous vous êtes forgé, comptent davantage. Votre attitude vis-à-vis des différences a également de l'importance. Si vous savez écouter l'autre, respecter ses opinions et ses sentiments, prendre en compte son point de vue, vous saurez négocier les solutions dans les domaines où vous divergez. En agissant de la sorte, vous aurez une relation de couple des plus solides et des plus riches.

DES SCÉNARIOS SATISFAISANTS

Lorsque deux individus vivent ensemble, leur relation acquiert une identité propre. Le caractère, les attentes de chacun déterminent la façon dont le couple va fonctionner et l'image de lui-même qu'il va donner aux autres.

Pour vous aider à déterminer le mode de relation qui vous convient, lisez les six scénarios qui suivent et qui décrivent comment chaque couple trouve son bonheur, puis répondez aux questions qui suivent chaque récit. Elles vous aideront à découvrir ce que vous attendez d'une liaison. Il n'y a ni bonnes ni mauvaises réponses.

L'important est que celles-ci vous permettent de mieux cerner ce qui vous plaît et ce qui vous déplaît, et d'apprécier si vous pouvez retirer de votre relation tout ce que vous en attendez.

Scénario 1 : confiance mutuelle

Catherine et Sébastien ont une relation chaleureuse et tendre fondée sur l'amitié. Ils se connaissent depuis l'enfance, leurs familles étaient liées. Bien qu'ils fussent encore très jeunes lorsqu'ils décidèrent de s'unir, chacun d'eux avait déjà connu plusieurs aventures. Ils ont plaisir à être ensemble et partagent diverses activités en couple ou avec leurs familles et leurs amis. Lorsque Catherine voyage pour son travail, ils ont hâte de se retrouver ; ils ne se soupçonnent pas d'infidélité, car ils se font pleinement confiance. Ils partagent projets et responsabilités et se soutiennent mutuellement.

- La sécurité est-elle votre objectif premier ?
- Une relation si étroite vous paraît-elle lassante ?
- Avez-vous besoin d'une relation plus romantique et plus piquante ?

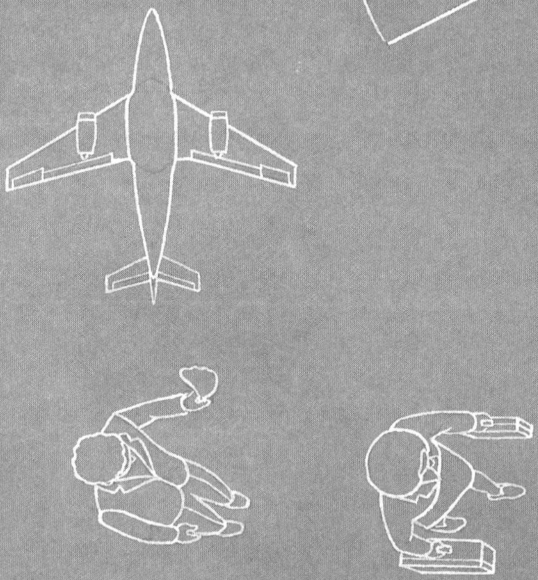

Scénario 2 : prendre du bon temps

Line et Daniel se sont rencontrés tout récemment à une soirée chez des amis communs et se sont très vite liés. Ils ont déjà eu plusieurs aventures et savent que ce qu'ils aiment l'un et l'autre, c'est s'amuser. Daniel, en particulier, aime improviser. Ils se donnent rendez-vous, mais ne décident qu'à la dernière minute de leur emploi du temps. Line, qui vient de mettre fin à une longue liaison qui devenait ennuyeuse, retrouve son entrain grâce à cette relation et aux surprises qu'elle réserve.

- La spontanéité est-elle importante pour vous ?
- Selon vous, spontanéité et irresponsabilité vont-elles de pair ?
- Dans la vie, aimez-vous que tout soit planifié ?

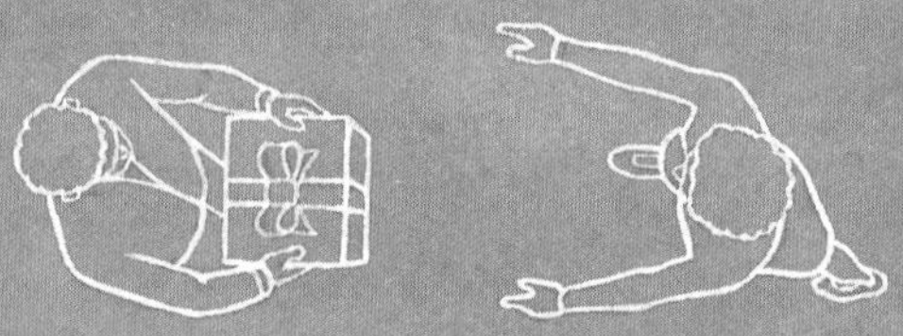

Scénario 3 : un partenariat réussi

Babette et Raymond se sont connus au travail il y a des années et ont décidé de se mettre à leur compte comme paysagistes. Ils passent la plupart de leurs journées ensemble, et, de retour chez eux, ils ressentent le besoin de s'isoler. Raymond va dans son atelier tandis que Babette s'installe dans le petit salon. Ils ont plaisir à faire des choses ensemble le week-end, mais, en semaine, ils tiennent à consacrer leurs soirées à leurs loisirs respectifs, chacun de son côté.

- Quand vous êtes loin de votre compagnon, votre compagne, vous sentez-vous à l'aise ?
- Vous préoccupez-vous de la fidélité de l'autre ?
- Avez-vous peur de faire quoi que ce soit sans l'autre ?

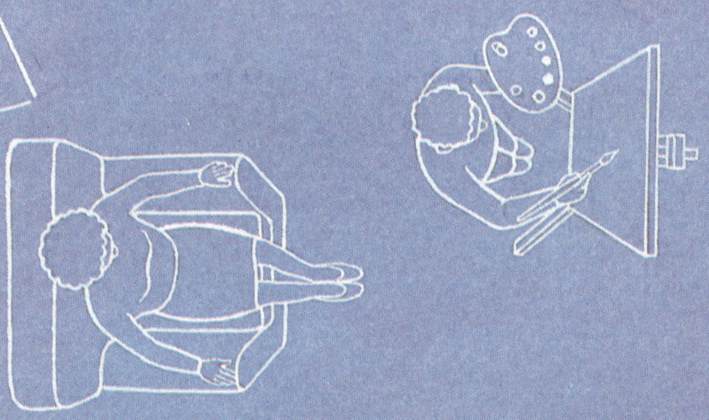

Scénario 4 : une union passionnée

Diane et Yves se fréquentent depuis le lycée. Ils ont la trentaine et viennent d'acheter une maison. Leur relation a toujours été passionnée, avec des querelles homériques qui finissaient sur l'oreiller. Ils se font confiance, mais ils savent que le ressort de leur entente est la sexualité. Ils ont une vie sociale bien remplie, ensemble et séparément. Les exigences de leur métier font que, par périodes, l'un des deux assume seul les tâches domestiques.

- La dimension sexuelle est-elle vitale pour vous ?
- Appréciez-vous une certaine souplesse dans la relation de couple ?
- Vous déplaît-il d'être en désaccord avec l'autre ?

Scénario 5 : un bon équilibre

Max était le voisin de Mireille lorsque celle-ci vint lui demander de l'aider à trouver un menuisier. Max offrit de faire le travail lui-même, et depuis ils vivent ensemble. Mireille apprécie l'assurance de Max, et lui, il aime se sentir utile auprès d'elle, qui est une personne très douce. Ils ont beaucoup d'amis, la plupart étant des amis de Max avant leur rencontre. Dans le couple, c'est lui qui prend le plus souvent les décisions.

- Aimez-vous que l'autre ait besoin de vous ?
- Aimez-vous que l'on s'occupe de vous ?
- Craindriez-vous, dans une relation de couple, de perdre toute indépendance ?

LES RISQUES D'ÉCHEC

AIMER QUELQU'UN comporte toujours un risque. Votre amour va-t-il durer ? Oserez-vous vous engager à fond ? Bien que personne ne puisse avoir de certitude dans ce domaine, il y a néanmoins des types de relations qui comportent plus de risques d'échec que d'autres.

Une relation satisfaisante est celle qui unit deux personnes sur un plan d'égalité, dans un rapport d'interdépendance combiné à une certaine dose d'indépendance. Chacun dans le couple se soutient mutuellement, mais aucun n'est en position dominante. Chaque individu a, face à l'autre, une attitude souple, faite de compréhension et de respect. Ces exigences semblent simples, et pourtant la plupart d'entre nous ont connu des relations où cet équilibre n'était pas atteint. On peut les appeler des « relations à risques ».

Tout n'est pas nécessairement joué d'avance, même dans l'une ou l'autre catégorie de ce type de relations. Certaines sont satisfaisantes et durables. Tout dépend en fait de l'importance du déséquilibre. Plus celui-ci est prononcé, plus la gêne s'installe et peut conduire à la rupture. C'est pourquoi il peut être intéressant de repérer à laquelle des catégories décrites ci-dessous votre relation de couple se range et de chercher à corriger le déséquilibre tant que vous êtes encore heureux et amoureux.

Le maternage

Certains individus aiment qu'on s'occupe d'eux, d'autres aiment prendre soin d'autrui. Une relation entre deux personnes de l'un et de l'autre type paraît idéale, et bien des couples qui correspondent à ce schéma pensent avoir trouvé l'âme sœur.

Le risque réside dans l'inégalité du pouvoir et du soutien. La personne qui prend soin de l'autre joue un rôle de mère ou de père aimant et prend la plupart des décisions. Cela peut convenir un certain temps aux deux parties, mais le malaise survient lorsqu'un membre du couple change et ne se satisfait plus de cet état de fait. Soit celui qui est protégé s'en irrite, se sent diminué, soit celui qui protège se lasse de tant de responsabilités. Comme l'assistance et le soutien ne se manifestent que dans un sens, il est difficile au personnage « parental » de montrer ses faiblesses et son besoin d'attention. Dans ce type de schéma le fait que chacun se cantonne dans un

Un mauvais départ
Certaines relations de couple sont déséquilibrées et ont peu de chances de survivre.

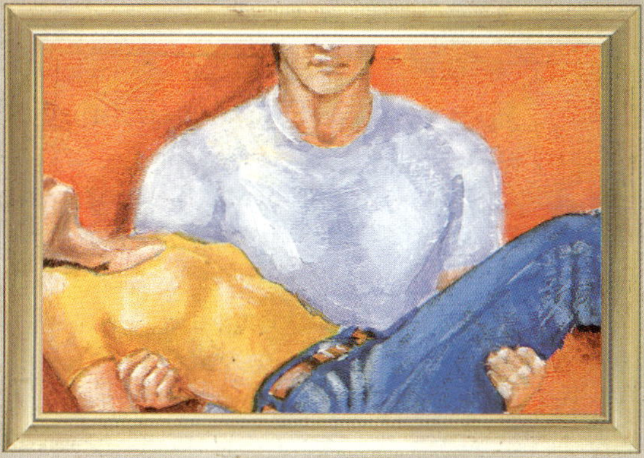

Un lourd fardeau
Dans un couple, il est malsain que ce soit toujours la même personne qui soutienne l'autre.

rôle inhibe le développement de la relation, et celle-ci s'écroule si l'un ou l'autre ne veut plus jouer le jeu. Si votre cas présente quelque ressemblance avec ce schéma, plus tôt vous serez capable d'échanger vos rôles, plus vous aurez de chance de corriger le déséquilibre existant et d'assainir votre relation à l'autre.

Le despotisme

Dans ce type de lien, l'un des membres du couple montre très clairement un besoin d'exercer le contrôle. Il prend tout en charge, mais il est despotique, et l'autre se soumet. La relation peut, au début, avoir des allures de simple maternage, mais elle finit tôt ou tard par se gâter.

On peut être surpris de voir certaines personnes s'engager toujours dans ce même type de rapport et être prêtes à accepter ce que tout autre trouverait insupportable. Cette fois encore, pour comprendre, il faut remonter à l'enfance. En général, les deux partenaires manquent d'estime de soi. L'un règle le problème en devenant trop autoritaire, et l'autre en pensant qu'il ne mérite pas mieux. Malgré l'apparente assurance que témoigne le despote, tous deux sont également vulnérables et ont peur du changement, ce qui confère souvent à la relation sa durabilité.

Sous contrôle
Certaines personnes choisissent de vivre dans l'ombre d'un maître dominateur.

La seule façon pour la personne soumise d'améliorer la situation est de commencer à s'affirmer. Mais, quand elle le fait, c'est trop souvent pour adopter à son tour le comportement d'un despote. Il faut alors se souvenir que l'affirmation de soi implique des égards pour les sentiments, les désirs de l'autre. Il n'est jamais trop tôt dans un couple pour s'opposer à des velléités par trop autoritaires et pour retrouver une plus juste répartition du pouvoir.

L'étouffement

Pour certains, la meilleure relation est celle qui comporte la plus grande intimité, où l'un et l'autre ont les mêmes opinions sur tout, où aucun n'élève jamais la voix et n'a d'autre ami intime que son partenaire.

De l'air...
Quand on exige trop l'un de l'autre, la relation risque de devenir étouffante.

Cependant, s'il est vrai qu'une convergence de vues est un atout, la peur de manifester la moindre divergence peut devenir étouffante.

Dans ce cas, comme dans les autres types de relations à risques, c'est l'individualité de chacun qui est niée. Aucun des deux ne peut évoluer sans que cela menace l'autre. Chacun redoute les conflits, soit que tous deux viennent de familles où l'on ne se disputait jamais, soit au contraire que, lorsqu'ils étaient enfants, ils aient été témoins de querelles incessantes entre leurs parents.

Il est difficile de discerner un tel schéma au moment où il se met en place, parce qu'un amour à ses débuts est précisément intense et exclusif. Mais, si cette étroitesse des liens se maintient longtemps, il est bon de se demander quels inconvénients il y aurait à prendre un peu d'autonomie. Avoir ses propres centres d'intérêts, voir ses amis hors de la présence de l'autre, explorer ce qu'on aime vraiment et ce qu'on n'aime pas sont choses saines : les différences enrichissent le couple plus qu'elles ne l'appauvrissent.

L'idéalisation

Lorsqu'on tombe amoureux, l'autre semble être la perfection incarnée. Dans une relation idéalisée, l'un des deux ne se lasse jamais de placer l'autre sur un piédestal et de lui vouer une adoration toujours renouvelée, fût-il le plus imparfait des êtres.

Cela peut, pendant quelque temps, donner à l'un et à l'autre toute satisfaction. Mais la difficulté vient du fait que, en règle générale, la personne qui idolâtre n'a guère d'estime pour elle-même et croit avoir vraiment beaucoup de chance d'avoir trouvé la perle rare. Curieusement, l'idole, elle aussi, manque généralement de confiance en soi et a besoin d'être encensée pour supporter cette faille.

La conséquence est qu'il n'y a plus de véritable intimité possible. L'idole doit se maintenir à la hauteur des fantasmes de son adorateur, qui, de son côté, supportera toutes sortes de caprices du fait de son manque d'assurance. Pour modifier cette situation, il faut d'abord admettre que personne n'est parfait. L'idole doit se préparer à choir de son piédestal ; quant à l'autre, il doit apprendre à accorder quelque valeur à ses qualités intrinsèques. En ayant une vision un peu plus réaliste des vertus de chacun, la relation reprendra alors le chemin de l'équilibre.

Perfection incarnée
Personne ne peut incarner la perfection. Mieux vaut reconnaître d'emblée que nous avons tous nos travers.

Le sacrifice de soi

Il y a des gens qui multiplient les attentions pour rendre les autres heureux. Mais certains, de façon plus malsaine, poussent cette tendance jusqu'à se nier eux-mêmes dans leur dévouement à autrui.

Quand, dans un couple, l'un des deux se sacrifie, personne n'est heureux. Le « martyr » s'en fait une vertu, tandis que l'autre éprouve un malaise à voir ses désirs invariablement satisfaits. Il semble même parfois que le martyr appelle les mauvais traitements.

Aide et assistance
Il est essentiel que, dans un couple, les responsabilités soient équitablement partagées.

Ce schéma peut être tué dans l'œuf, à condition que l'un et l'autre reconnaissent ce qui se passe. Si un désir naturel d'être agréable à l'être aimé devient une contrainte, le martyr doit en prendre conscience. Il améliorera déjà la situation en admettant qu'il mérite d'être aimé, choyé, et en le faisant savoir. Quant à l'autre, il devra comprendre que, s'il se montre moins égoïste, son bonheur n'en sera que plus grand. Dans un couple, le bonheur se partage ou n'existe pas.

Le détachement

À l'opposé de la relation précédente, il existe des couples où aucun ne semble avoir grand besoin de l'autre. Soit il en a été ainsi dès le commencement, soit ce sont des problèmes sur le plan affectif qui ont

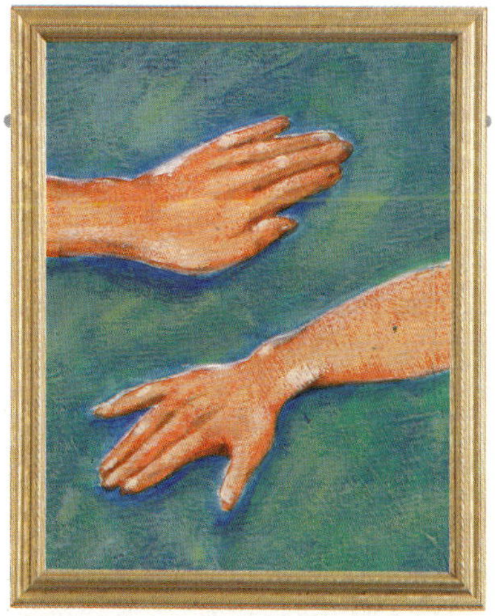

Chacun pour soi
Dans un couple, on peut s'apercevoir que chacun suit des chemins parallèles qui ne se rejoindront jamais.

établi, à un moment ou à un autre, cette distance. Une relation de ce type peut être de courte durée, mais il arrive aussi qu'elle s'installe pendant de longues années et que, après avoir élevé ensemble leurs enfants, un couple ne connaisse toujours pas d'intimité réelle.

Les personnes enclines à vivre de cette façon durant toute leur vie ont souvent peur d'avoir un besoin excessif d'une autre personne. Peut-être ne se sont-elles pas senties aimées dans leur petite enfance, ou ont-elles vécu dans une famille divisée ou aux liens relâchés. Ce sont en général des gens prêts à tenir leurs engagements, mais qui ont plus de mal à s'ouvrir à l'amour.

Les relations de ce type peuvent être solides et durables, mais elles vous font passer à côté de bien des joies de l'amour. Lorsque, dans ce genre de couple, la séparation intervient, la souffrance en est moins vive. L'un et l'autre regrettent de voir leur vie se défaire, mais leur cœur n'en est que peu affecté.

Un meilleur partage

Si vous avez l'impression que votre union s'engage dans l'un ou l'autre de ces chemins épineux et si vous ne voulez pas vous priver des joies d'une saine interdépendance, il vous faut devenir plus proches l'un de l'autre. Faire part de ses pensées les plus secrètes, demander à l'autre tout ce que l'on aimerait peut être assez difficile lorsqu'on se sent vulnérable, mais cela en vaut la peine.

Ayez plus d'activités communes pour partager davantage, cela augmentera votre confiance mutuelle et votre bonheur. Toutes les relations évoluent, changent, et c'est la condition de leur survie. Il ne fait aucun doute que vous trouverez l'opportunité de faire le point sur votre union, de mesurer les dangers qui la guettent et de corriger le cap. Quels que soient ses risques d'échec, toute relation peut être transformée si les deux veulent en faire l'effort.

DES SIGNAUX D'ALARME

Si vous vous interrogez sur les risques d'échec que présente une relation de couple, posez-vous ces quelques questions :

- Vous sentez-vous incapable d'être vous-même ?
- Vous est-il difficile de trouver que certaines pensées ou certains sentiments de l'autre sont pour vous inacceptables ?
- Est-ce que, invariablement, l'un de vous impose sa volonté à l'autre?
- Pensez-vous que vous ne bénéficiez pas d'un soutien égal à celui que vous apportez vous-même ?
- L'un de vous a-t-il du mal à accepter l'intérêt que porte l'autre à ses amis, à ses activités ?
- Dans votre couple, y a-t-il le « fort » et le « faible » ?
- Un désaccord vous fait-il peur ou vous scandalise-t-il ?
- Pensez-vous que votre relation ne changera jamais en quoi que ce soit ?
- Trouvez-vous normal qu'à la longue on soit malheureux ou qu'on s'ennuie ?
- Maintiendriez-vous une relation peu satisfaisante plutôt que de vous retrouver seul(e) ?

Si vous avez répondu « oui » à l'une ou à l'autre de ces questions, il se peut qu'il y ait des facteurs de risques dans votre relation. En avoir conscience vous permettra d'introduire quelques changements positifs.

RECHERCHE DÉSESPÉRÉMENT...

Pour savoir en quoi pèchent vos relations amoureuses, rédigez deux petites annonces (fantaisistes), l'une faisant le portrait du type de personne avec laquelle vous vous liez le plus souvent et l'autre celui de la compagne ou du compagnon idéal. La comparaison des deux peut être révélatrice.

Réalisation du portrait

Passez en revue toutes vos liaisons passées et voyez si quelque caractéristique commune apparaît. Dressez la liste de vos ex-partenaires, et ajoutez-y votre partenaire actuel. En face de chaque nom, indiquez le trait de personnalité qui vous a rendu le plus malheureux. Soyez aussi précis que possible : « salaud », par exemple, n'est pas précis du tout. Cherchez en quoi exactement cette personne vous a déplu, et notez : « égoïsme », « cruauté » ou « froideur ».

Lorsque vous avez terminé, relisez et voyez si quelque notation ne revient pas fréquemment, en vous souvenant que certains mots, bien que différents, se réfèrent à la même attitude – par exemple, « insensibilité » et « désinvolture » désignent tous deux un manque d'attention aux sentiments d'autrui. Vous pouvez maintenant dresser la liste de ces fâcheux traits de caractère qui se retrouvent souvent chez les personnes qui vous attirent – un portrait-robot en quelque sorte. Vous découvrirez peut-être que les êtres déloyaux, égocentriques ou hypercritiques ont beaucoup de chances de vous plaire !

À cette étape de votre travail, voyez pour chacun de vos anciens partenaires à quel point il ou elle ressemble au portrait-robot. Y en a-t-il qui lui ressemblent plus que les autres ? Étaient-ce les personnes avec lesquelles vous avez le plus souffert ? Et, avec l'âge, vos relations sont-elles devenues plus ou moins satisfaisantes ?

Des images du passé

C'est là que le jeu devient amusant. À partir du portrait-robot que vous avez établi, préparez une petite annonce matrimoniale de ce genre : « Recherche homme égoïste, arrogant, hâbleur, esquivant toute responsabilité et ne supportant aucun blâme. » Veillez à être parfaitement fidèle au portrait, et amusez-vous en faisant cet exercice. Vous allez faire sortir quelques squelettes de vos placards, mais cela vous permettra aussi de repérer les besoins qui restent chez vous

Assembler les morceaux

En découvrant les traits de caractère qui vous ont fait souffrir chez les autres, vous cernerez le profil du type de personne que vous attirez et qu'il vaut mieux éviter.

Cherche soucis, besoin urgent

Afin de voir dans toute sa clarté le type de relation que vous choisissez, énumérez les caractéristiques de vos anciens partenaires sous la forme d'une petite annonce matrimoniale.

FEMME MARTYRE, chaleureuse, aimante, sans confiance en soi, cherche homme égoïste, incapable d'amour et laissant tout traîner dans la maison.

Homme vulnérable et sensible cherche **FEMME ÉGOCENTRIQUE,** incapable de tendresse et d'affection, et totalement dénuée de franchise.

Femme terrifiée par l'intimité et l'engagement cherche d'urgence **HOMME MARIÉ** exigeant docilité au lit, promettant sans cesse de quitter sa femme et nullement disposé à le faire.

Homme, 35 ans, n'ayant jamais grandi, n'assumant aucune responsabilité, cherche désespérément **FEMME TRÈS POSSESSIVE.**

DÉBILE PROFOND, irritable et pleurnichard, demandé pour querelles incessantes, pleurs et chagrins.

HOMME, A BESOIN D'ÊTRE ADMIRÉ, ne supporte pas l'égalité dans un couple, cherche femme superbe, idiote, bien roulée et incapable de toute conversation intelligente.

insatisfaits et d'identifier les signaux que vous envoyez au monde extérieur concernant le type de personne que vous voulez attirer. Ce sera une première étape vers des changements positifs.

Rédigez maintenant une nouvelle annonce décrivant la personne que vous souhaitez réellement rencontrer, en reprenant la structure que vous aviez adoptée pour la première, et comparez les deux. Découvrez-vous une différence sensible entre ce que vous dites souhaiter et ce que vous recherchez dans la réalité ? Affirmez-vous, par exemple, rechercher une personne indépendante et responsable, alors que toutes vos anciennes liaisons étaient vulnérables et dépendantes ? Ce n'est pas par accident que les relations amoureuses se nouent, c'est vous qui avez choisi...

Avec le recul, vous vous rendrez peut-être compte que ce qui vous semble aujourd'hui négatif chez vos anciens partenaires était précisément ce qui chez eux vous avait attiré. La jeune femme dont le manque d'autonomie vous déplaît aujourd'hui vous avait peut-être plu justement parce qu'elle avait besoin de votre propre force, de votre appui... Ou l'homme jugé maintenant par trop volage l'était déjà de façon notoire, et il était plaisant de le séduire...

Les bénéfices secondaires

Si, avec une certaine constance, vous avez choisi des personnes qui diffèrent sensiblement de votre idéal, c'est sans doute que vous avez retiré quelques bénéfices cachés de leurs défauts. Au tout début d'une liaison, par exemple, prendre soin de quelqu'un d'autre, lui venir en aide vous faisait plaisir, ou bien vous vous flattiez d'avoir réduit à merci un vrai don Juan. Mais ces bénéfices se sont révélés de courte durée, et vous vous êtes retrouvé malheureux, piégé par ces aspects négatifs qui vous avaient initialement attiré.

Une autre erreur fréquente consiste à croire que vous allez certainement corriger ce qui ne vous plaît pas en l'autre : lorsque vous aurez aidé à résoudre ses problèmes, la jeune femme se révélera forte et autonome, le don Juan conquis par vos charmes ne désirera plus aucune autre femme. Mais les léopards ne perdent jamais leurs taches, et vous allez souffrir. Chercher à savoir pourquoi vous aviez choisi telle ou telle personne et quel bénéfice immédiat vous en avez retiré vous mettra sur la voie de nouveaux choix qui s'avéreront à terme moins douloureux.

DES OMBRES ISSUES DU PASSÉ

DANS LEUR APPROCHE des relations, les psychologues mettent l'accent sur l'influence que le passé exerce sur le présent. Pour eux, nos toutes premières relations avec ceux qui nous entourent ont un effet durable sur nos rapports d'adultes avec les autres, y compris avec nos propres enfants. Certains conseillers conjugaux estiment que cet héritage de l'enfance reste dans notre esprit comme un schéma complexe représentant tous les liens qui peuvent nous relier à autrui. Le schéma de chacun est ainsi unique, élaboré en fonction du caractère et de l'expérience vécue. Certes, de nouveaux éléments s'ajoutent sans cesse à ce schéma au fur et à mesure de vos nouvelles rencontres et de l'évolution de vos liens, mais la base reste telle que la première enfance l'a forgée.

On convient généralement qu'au cours de ces premiers années l'enfant, très impressionnable, enregistre, consciemment ou non, une grande partie de ce qui se joue autour de lui, ce qui s'explique aisément tant il est dépendant et vulnérable. Pour un enfant, être accepté ou rejeté par ses parents est tout simplement une question de survie. C'est au cours de ces jeunes années que la relation existant entre vos parents vous offre la première image de l'entente – ou de la mésentente – entre un homme et une femme. Votre position par rapport à vos frères et sœurs ou en tant qu'enfant unique pourra influer sur la façon dont vous vous situez plus tard par rapport aux autres. Les premières informations sur la différence des sexes et sur la sexualité sont données et reçues au sein de la famille. Votre image de vous-même doit beaucoup à la façon dont vos sentiments d'enfant ont été accueillis, dont les punitions vous ont été infligées, dont des éloges vous ont été ou non décernés. Ces expériences enfantines ne sont que quelques exemples de ce que comporte votre « tableau de famille » et elles ne disparaîtront jamais, même si elles peuvent être masquées par des souvenirs plus récents.

Lorsque deux personnes se rencontrent, chacun aborde la relation avec son bagage personnel, un ensemble d'idées et d'attentes fondées sur son expérience personnelle.

Éclairez votre passé
Tout le passé – et spécialement vos années d'enfance – influence, colore vos attitudes, vos réactions d'adulte, particulièrement dans le domaine des relations de couple.

Lorsque l'homme et la femme viennent d'un même milieu et ont des centres d'intérêts communs, les différences ne sont guère perceptibles. Mais, si des problèmes surgissent, alors les ressemblances apparaissent superficielles et les différences deviennent plus criantes. Un des membres du couple, ou chacun des deux, peut brutalement avoir l'impression que l'être auquel il s'est lié se révèle bien différent de celui qu'il pensait avoir rencontré.

Le « profil familial »

Un facteur décisif qui permet d'augurer la façon dont un couple saura traverser les inévitables orages est la capacité de chacun d'assumer sa part de responsabilité dans les problèmes qui surviennent. Bien souvent, notre vision de ce que doivent être idéalement la relation amoureuse et le comportement de l'autre nous aveugle et nous empêche de reconnaître cette responsabilité. Or cette vision ne nous est pas purement personnelle ; elle est forgée à partir du schéma infantile. En d'autres termes, vos chances de vivre heureux ensemble tiennent moins à vos différences ou à vos ressemblances qu'à votre aptitude à mettre en question votre schéma originel, à en voir les bénéfices mais aussi les limites.

Pour cerner l'état d'esprit dans lequel vous abordez une nouvelle liaison, les psychologues dressent une carte des générations, un « profil familial ». Ils interrogent chacun des partenaires sur les premiers années de sa vie, sur celle de ses parents et de ses grands-parents, ils notent les modèles de comportement qui se répètent et sont ainsi mieux à même de comprendre le bagage affectif de chacun et d'augurer des éventuels problèmes.

Vous verrez dans les pages suivantes comment établir un profil familial, le vôtre et celui de votre compagne ou de votre compagnon. Pour ce faire, plusieurs séries de questions vous sont proposées : il faudra y répondre vous-même, puis les poser à l'autre. Cela ne vous garantira pas contre les aléas de la vie, mais vous aidera au moins à explorer chacun dans le détail votre histoire personnelle et à discerner en quoi elle a forgé votre conception des relations de couple. Vous découvrirez peut-être aussi que des événements du passé jouent un rôle dans les difficultés du présent comme dans les joies qu'il prodigue, que certaines idées que vous aviez faites vôtres jusqu'ici sont désormais obsolètes et qu'il vaut mieux vous en débarrasser.

EXPLOREZ VOTRE PROFIL FAMILIAL

En portant un regard attentif sur votre enfance, en étudiant l'attitude que vous aviez alors devant les relations dont vous étiez le témoin, vous pourrez découvrir à deux combien de vos attitudes actuelles sont en fait la répétition de scènes du passé plutôt qu'une réaction adaptée à une expérience nouvelle. Cet examen fouillé vous procurera sans doute une meilleure compréhension en cas de conflit et vous permettra de réagir de manière plus réfléchie.

L'arbre généalogique

Pour aborder l'examen des influences que vous avez subies dans votre enfance, tracez sur une grande feuille de papier votre arbre généalogique. Commencez par votre famille la plus proche : votre conjoint, vos enfants, vos frères et vos sœurs. Passez ensuite à vos parents et à leurs frères et sœurs. Vous n'avez pas besoin de dons de dessinateur : mettez par exemple un cercle pour une femme et un carré pour un homme. Laissez beaucoup d'espace libre autour de chaque nom pour y consigner vos notes ultérieures. Si cela s'avérait trop compliqué parce que vous ne vous souvenez plus très bien de tous les liens de parenté, établissez simplement une liste, génération par génération, de tous les membres de la famille.

Examinez votre passé

Une fois que votre arbre est dessiné, lisez les questions de la page ci-contre pour vous aider à retrouver une vue plus détaillée de votre passé. Elles sont groupées en cinq catégories ; certaines se révéleront plus utiles que d'autres, mais, plus vous aurez envie d'approfondir votre investigation, plus l'exercice présentera d'intérêt. Souvenez-vous que l'objectif n'est pas de savoir ce que vous éprouvez dans le présent. Ce qui compte est ce que vous éprouviez alors, quel mode de relation s'établissait et quelles émotions envahissantes ont toujours entravé votre liberté d'action.

DES OUTILS POUR S'EXPRIMER

Pendant que vous élaborez tous deux vos profils familiaux, vous pouvez être en proie à des émotions violentes. Dans des situations de ce type, à forte charge émotionnelle, certains couples éprouvent de la difficulté à trouver les mots justes parce qu'ils n'ont pas l'habitude d'exprimer des sentiments complexes. On se contente souvent de parler de colère, mais ce n'est pas si simple : il s'agit en réalité de sentiments plus difficiles à admettre, telle la vulnérabilité ou l'envie. Voici quelques adjectifs qui peuvent vous aider à vous exprimer de façon plus précise.

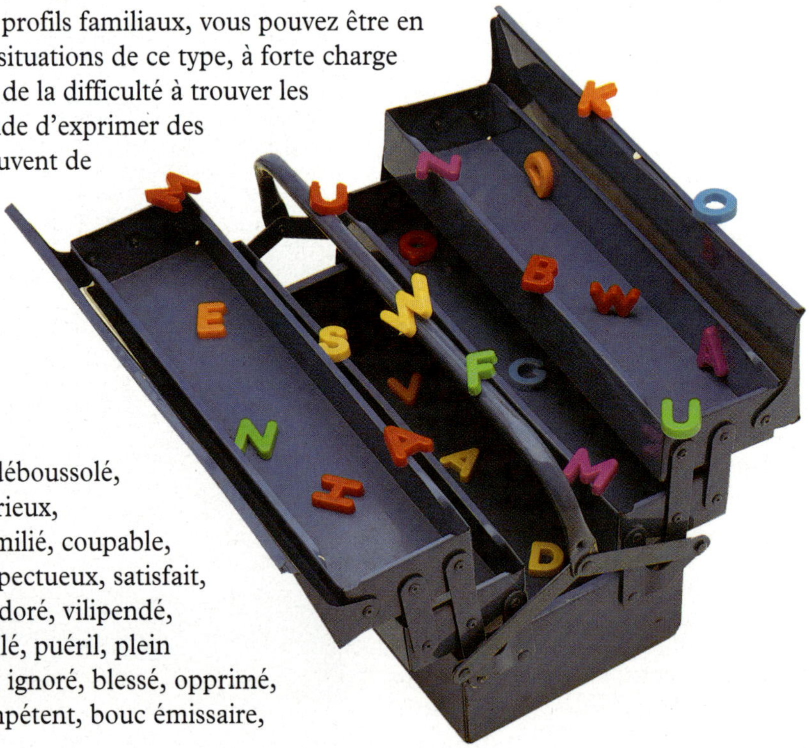

Des mots pour vous aider...

Joyeux, peiné, méfiant, fier, impuissant, déboussolé, solitaire, apathique, déphasé, critiqué, furieux, désespéré, calme, négligé, démasqué, humilié, coupable, irrité, soulagé, effrayé, timide, apaisé, respectueux, satisfait, anxieux, exclu, trahi, terrifié, dédaigné, adoré, vilipendé, contenté, réconforté, hardi, stimulé, éveillé, puéril, plein d'appréhension, ardent, épuisé, apprécié, ignoré, blessé, opprimé, sous-estimé, insignifiant, stupéfait, incompétent, bouc émissaire, dévalué, offensé, vaincu, affaibli.

QUEL EST VOTRE PROFIL FAMILIAL ?

Pouvoir et vulnérabilité
1. Quel est le membre de votre famille qui, selon vous, avait le plus de pouvoir ?
2. Sur quoi se fondait ce pouvoir (richesse, âge, éducation...) ?
3. Qui avait l'air d'avoir du pouvoir mais n'en avait pas vraiment ?
4. Qui avait l'air dépourvu de pouvoir mais en avait tout de même ?
5. Comment s'exerçait ce pouvoir ?
6. Comment l'évitait-on ou le niait-on ?
7. Que considérait-on comme une faiblesse ?
8. Qui était en compétition avec qui ?
9. Comment considérait-on la vulnérabilité ? Était-elle respectée ou tournée en dérision ?
10. Comment punissait-on les enfants, et pour quelles fautes ?

Hommes et femmes
1. Que vous a-t-il fallu faire pour devenir adulte aux yeux de votre famille (par exemple, vivre de façon indépendante, vous marier, vous opposer à votre mère ou votre père...). Estimiez-vous que l'on ne vous considérerait jamais comme tel ?
2. Hommes et femmes exprimaient-ils leurs émotions de façon différente ?
3. Dans votre famille, quels rôles respectifs dans la vie sociale attribuait-on aux hommes et aux femmes ?
4. Toujours selon votre famille, quelles devaient être les relations entre les hommes et les femmes ?
5. Ces opinions ont-elles évolué avec l'âge ?
6. Quel était le rôle des hommes et celui des femmes par rapport à l'argent ?
7. Quels rôles respectifs attribuait-on aux hommes et aux femmes en matière sexuelle (initiative, refus, promiscuité...) ?
8. Avait-on, quant à l'éducation et à la carrière, des conceptions différentes pour les hommes et pour les femmes ?
9. Qui commandait ? Des hommes ou des femmes ?
10. Résumez en quelques mots la façon dont chaque sexe traitait l'autre (violemment, tendrement, de façon distante...).

Saints et pécheurs
1. Qui étaient les héros, les héroïnes de la famille ?
2. Pour quels actes étaient-ils admirés ?
3. Qui étaient les pécheurs ?
4. Quels étaient leurs crimes ?
5. De quelles mesures d'ostracisme frappait-on un membre de la famille ?
6. Faites un schéma des divisions, des clans familiaux.
7. Qui étaient les rebelles dans la famille ?
8. Qu'avez-vous dû faire pour pénétrer dans le cercle le plus intime ?
9. Qui s'est le plus sacrifié, qui a montré le plus de loyauté ?
10. Qui a choisi de quitter la famille, et pourquoi ?

Les rôles dans la famille
1. Quelle est votre position dans la fratrie (aîné, cadet, benjamin...) ?
2. Comment conceviez-vous votre rôle (celui qui pacifie, qui fait le clown, qui accomplit...) ?
3. Que vous fallait-il faire pour être récompensé ?
4. Les liens étaient-ils plus forts entre le couple ou entre les parents et les enfants ?
5. Étiez-vous plus proche du parent du même sexe que le vôtre ou de celui du sexe opposé ?
6. Si vous étiez enfant unique, qu'est-ce qui vous manquait le plus ?
7. Parmi les enfants, qui recevait les blâmes ? Qui y échappait ?
8. Quelle était l'attitude de chacun de vos parents (douceur, indisponibilité, aigreur, autorité...) ?
9. Y a-t-il eu une personne que l'on a considérée comme un parent de remplacement ?
10. Y avait-il un enfant qui remplaçait un bébé disparu ?

La vie et la mort
1. Y avait-il dans votre famille des problèmes liés à la fécondité ou à la stérilité ?
2. Y a-t-il eu des décès d'enfants (y compris fausses couches et enfants mort-nés) ?
3. Y a-t-il eu des suicides ?
4. Parlait-on volontiers des morts ?
5. Y a-t-il eu des dépressions nerveuses graves dans la famille ?
6. Y a-t-il eu des événements violents ?
7. Y a-t-il un membre de la famille qui a survécu miraculeusement à une maladie, à un accident ?
8. A-t-on considéré quelqu'un de la famille comme responsable de la mort d'une autre personne ?
9. Y a-t-il des maux physiques dont on se plaint de façon récurrente dans votre famille ?
10. Y a-t-il quelqu'un dans la famille dont vous avez souhaité la mort ?

En parler ensemble

Vous vous amuserez peut-être beaucoup à parcourir ensemble toutes ces questions, à échanger votre point de vue sur vos familles respectives, mais vous pouvez aussi établir vos « profils » séparément et comparer vos notes. Pour chaque question, notez simplement quelques mots qui résument la situation et ce que vous en pensez. Vous pourrez vous servir de ces notes lorsque, ultérieurement, vous en parlerez ensemble. Si vous vivez avec votre conjoint une période agitée, observez une trêve et mettez-la à profit en élaborant calmement ensemble le profil familial de chacun. Il vous faudra peut-être attendre d'avoir répondu à plusieurs catégories de questions pour voir où cela vous mène. Peut-être est-ce la partie intitulée « pouvoir et vulnérabilité » qui va vous révéler que, s'il vous est toujours si difficile de reconnaître une erreur, c'est précisément ce sur quoi vos parents étaient volontiers intraitables. Ou bien vous allez vous apercevoir qu'il vous faut réviser certaines idées reçues d'autrefois, selon lesquelles les hommes pouvaient faire certaines choses qui étaient interdites aux femmes, ou

PIERRE ET MARIE : CONFLIT ET MATURITÉ

Le mariage de Pierre et de Marie marche plutôt bien, mais c'est la façon dont ils vivent l'un et l'autre leurs colères, plus que les désaccords qui les font naître, qui risque de créer un fossé entre eux. Pierre serre les dents et va s'enfermer dans son bureau. Marie, elle, sort de ses gonds. Chacun de leur côté, ils ont établi leurs profils familiaux et les ont ensuite comparés.

Pour Pierre, la partie « Pouvoir et vulnérabilité » avait été très instructive. Dans sa famille, nul n'était autorisé à exprimer ouvertement ses émotions. S'il venait à s'énerver, comme cela arrive à tous les enfants, sa mère le confinait sévèrement dans sa chambre. Les larmes lui vinrent aux yeux au souvenir de la détresse qu'il éprouvait alors, et il comprit qu'il jouait le rôle de sa mère lorsqu'il fuyait les colères de Marie. Il reconnut qu'il répétait là un vieux scénario qui n'avait plus de raison d'être entre deux adultes. Il eut même l'honnêteté d'admettre qu'il lui arrivait, comme Marie l'avait remarqué, de la pousser hors de ses retranchements quand une dispute éclatait.

Marie, contrairement à Pierre, venait d'une famille nombreuse où chacun exprimait très ouvertement ses sentiments. Elle était la seule fille, et, ses parents semblant marquer une préférence pour les garçons, elle se sentait souvent laissée pour compte et sous-estimée. Son travail sur « Les rôles dans la famille » et « Hommes et femmes » lui fit comprendre que chaque reproche de Pierre lui rappelait le « tu n'es qu'une fille, tu ne comptes pas » qui l'avait fait tant souffrir dans son enfance. Il fallut un certain temps à Marie pour faire le tri entre ses sentiments d'aujourd'hui et ses souvenirs et pour comprendre qu'elle était maintenant sortie de cette position dévalorisée. Elle pouvait désormais se dispenser d'avoir à crier pour être entendue.

L'influence maternelle

Marie, enfant, a eu l'impression que l'on accordait plus d'attention à ses frères qu'à elle. Elle était censée suivre le même chemin que sa mère, qui était femme au foyer. Quant à la mère de Pierre, elle interdisait toute manifestation d'émotion, qu'elle considérait comme un signe de faiblesse.

encore que vous êtes prisonnier de prescriptions morales que l'on respectait dans votre famille mais qui aujourd'hui provoquent des conflits. Voyez tout cela dans la section « Saints et pécheurs ».

Vous n'avez peut-être pas noté jusqu'ici combien votre position vis-à-vis de vos frères et sœurs vous a marqué, faisant de vous aujourd'hui encore le « chouchou » ou celui à qui l'on demande trop. La partie « Les rôles dans la famille » doit vous montrer que ce passé pèse encore de tout son poids. Les questions sur « La vie et la mort » peuvent paraître trop sérieuses, mais vous constaterez qu'il peut être très positif de découvrir comment des événements en principe joyeux, comme un mariage ou une naissance, peuvent être gâchés par de fâcheux pressentiments, véritables « squelettes dans le placard » que vous allez enfin pouvoir enterrer une fois pour toutes.

L'élaboration de ce profil familial vous donnera une vue approfondie sur votre passé, une meilleure connaissance de vos attitudes, et accroîtra votre liberté de modifier celles qui, éventuellement, vous paraîtraient périmées et sans valeur.

SUZANNE : EN QUÊTE D'IDENTITÉ

Suzanne a commencé à consulter un psychologue parce qu'elle n'arrivait pas à entretenir une relation durable. Elle avait trente-cinq ans et voulait fonder une famille avant qu'il ne soit trop tard. Elle n'avait pas de mal à trouver des amants : les hommes étaient séduits par sa grâce et sa gentillesse, mais aucun ne la prenait au sérieux. On voulait bien d'elle comme maîtresse mais pas comme épouse. Son dernier ami l'avait quittée parce qu'elle n'en faisait jamais qu'à sa tête et faisait preuve d'égocentrisme.

Suzanne établit un profil familial et le montra à son thérapeute. Il fut frappé par sa position au sein de la fratrie : elle était la plus jeune des quatre enfants. Les deux aînés étaient des garçons, suivis par une fille. Ensuite, leur mère avait fait trois fausses couches avant d'avoir enfin Suzanne ; elle fut tout à fait remise avec l'arrivée de ce bébé, qui fut dorloté et choyé par sa mère et ses frères, souvent aux dépens de la sœur aînée. Les mots que Suzanne avait jetés sur le papier pour décrire les membres de sa famille montraient à quel point elle avait grandi avec le sentiment d'être quelqu'un de tout à fait particulier.

Elle comprit à quel point aujourd'hui son comportement était inadéquat : au lieu de se conduire en adulte face à un autre adulte, elle traitait tout homme comme un frère aîné qui ne saurait rien lui refuser. Prévoyant la désapprobation des autres femmes, elle ne fréquentait que des femmes bien plus âgées qu'elle, qui se montraient maternelles. Elle comprit qu'il lui faudrait renoncer à son ancien schéma relationnel si elle voulait connaître des relations d'adulte.

Le modèle familial
Suzanne a été dorlotée par sa mère et ses frères, tandis que le père favorisait sa sœur Christine, souvent boudée par ses frères et sœur. Il est possible que cette relation entre Christine et leur père ait plus tard servi de modèle à Suzanne, qui joue toujours le rôle de « l'autre femme ».

CHAPITRE TROIS

VIVRE EN BONNE INTELLIGENCE

CE CHAPITRE TRAITE plus particulièrement des relations de couple déjà bien établies. Vous y trouverez l'analyse de ce qui fait la qualité et la force de telles unions, ainsi que des difficultés qui, un jour ou l'autre, peuvent les mettre en danger. Pour commencer, le questionnaire « Connaissez-vous bien votre conjoint » vous proposera de confronter vos idées et les siennes sur des sujets aussi importants que l'argent, le travail, les amis ou la vie sociale, et vous permettra de savoir à quel point vous vous connaissez l'un l'autre.

Quel que soit l'amour qui unit deux êtres, il serait illusoire de croire qu'à long terme leur relation ne connaîtra ni friction ni mésentente. Mais un désaccord n'est pas un désastre. Traiter le problème et trouver le moyen de sauvegarder vos besoins à tous deux peuvent en fait consolider les bases de votre union. « L'art de la négociation », exposé pages 100 à 103, vous aidera à surmonter tous les malentendus.

Une bonne communication est sans aucun doute la clé d'une relation riche et harmonieuse : la meilleure façon de résoudre un problème est d'en parler ouvertement avec l'autre. Malheureusement, trop de couples voient leurs conversations s'enliser dans les reproches et les récriminations. Vous pensez bien vous connaître l'un l'autre et, pourtant, aucun ne parvient à se faire entendre. Comment expliquer que des gens qui ont tant d'intérêts en commun en viennent à ne pas se comprendre ?

En fait, bien des couples ne se parlent pas vraiment comme ils croient le faire. En outre, hommes et femmes ont des modes de communication si dissemblables qu'ils ont mille occasions de mal interpréter ce qu'ils se disent. Mais ceux-ci ne sont pas intangibles. En répondant au questionnaire « Qu'est-ce qui vous perturbe ? », pages 82 à 85, vous serez probablement capable de discerner quel degré d'insatisfaction vous exprimez lorsque vous vous disputez sur des questions apparemment anodines.

Pourquoi certaines relations s'écroulent-elles comme des châteaux de cartes au premier orage, tandis que d'autres semblent gagner en solidité devant la volonté partagée de surmonter l'adversité ? Ce chapitre vous montrera que, s'il n'existe pas de solution miracle qui garantisse la survie d'une relation, certains éléments, en revanche, sont des facteurs de succès indispensables (voir «Les atouts maîtres», pages 96 à 99). Quant à « La charte des bonnes relations », page 99, elle vous indiquera quelles sont les règles qui assureront à votre couple une entente durable.

QUAND L'ENTENTE RÈGNE, CHACUN DANS LE COUPLE EST SOLIDAIRE DE L'AUTRE ET LUI APPORTE SON SOUTIEN SANS COMPROMETTRE SON PROPRE DÉVELOPPEMENT

CONNAISSEZ-VOUS BIEN VOTRE CONJOINT ?

Répondre aux questions qui suivent devrait vous permettre de savoir dans quelle mesure vous vous connaissez l'un l'autre. Lorsque vous y aurez répondu, reprenez-les en essayant de deviner quelles ont été les réponses de l'autre. Combien de fois ont-elles été celles que vous imaginiez ? Peut-être aurez-vous la surprise de voir que votre conjoint partage votre opinion dans des domaines où vous pensiez diverger et que vous n'abordiez pas pour ne pas risquer de vous affronter. À l'inverse, vous serez peut-être choqué par l'une ou l'autre de ses idées. À partir de ces constatations, traitez ouvertement et honnêtement tout ce qui revêt pour vous de l'importance.

QUI ÊTES-VOUS ?

La relation dans la vie de couple

1. Cela vous chagrine-t-il si l'on ne vous demande pas comment s'est passée votre journée ?
2. Avez-vous du mal à accepter les opinions de l'autre quand elles diffèrent des vôtres ?
3. Un couple doit-il tout faire à deux ?
4. Dans un couple, faut-il toujours être parfaitement honnête avec l'autre ?
5. Notez de 1 à 10 l'importance que vous donnez à la sexualité dans votre relation de couple.
6. Notez de 1 à 10 l'importance que vous donnez au dialogue.
7. Notez de 1 à 10 l'importance que vous accordez aux relations sociales.
8. Pourriez-vous pardonner une infidélité ?
9. Êtes-vous d'accord avec l'expression : « l'amour l'emporte sur tout ».

Quel est votre avis sur l'argent ?

1. L'argent doit-il, pour vous, principalement assurer la sécurité ?
2. Trouvez-vous notre société trop matérialiste et ne laissant pas assez de place aux sentiments ?
3. Pensez-vous que l'argent ne pose problème que lorsqu'il y en a trop peu ?
4. Êtes-vous d'avis qu'il faut dépenser de l'argent tant qu'on est jeune et qu'on peut en jouir ?
5. L'aptitude à gagner de l'argent est-elle, selon vous, plus appréciée que d'autres capacités ?
6. Pensez-vous que c'est un devoir moral pour quelqu'un de riche de faire la charité ?
7. Si vous gagniez beaucoup d'argent, qu'en feriez-vous :
a. vous offrir des vacances de rêve ?
b. le mettre sur un compte et en vivre ?
c. acheter des actions et des obligations ?
d. vous offrir une œuvre d'art ?
e. en placer en banque la moitié et vous amuser avec l'autre ?
f. vous faire et faire autour de vous des cadeaux somptueux ?
g. vous accorder une année de congé pour découvrir votre vrai moi ?

8. Pensez-vous que l'argent empoisonne tout ?
9. Jugez-vous une relation satisfaisante et durable préférable à l'argent et aux biens matériels ?

En général

1. La place d'une femme est-elle à la maison quand ses enfants sont en bas âge ?
2. Qu'est-ce qui vous semble le plus intolérable : les mauvais traitements infligés aux animaux, aux enfants, aux personnes âgées ?

3. Diriez-vous que votre première impression des gens est presque toujours fiable ?
4. La protection de l'environnement est-elle aujourd'hui un des problèmes les plus préoccupants ?
5. Pensez-vous que l'agressivité de l'homme est une donnée génétique ?
6. Le féminisme et la révolution sexuelle ont-ils introduit plus d'égalité entre les hommes et les femmes ou n'ont-ils fait que créer de nouveaux problèmes ?
7. Diriez-vous que le pouvoir corrompt toujours ?
8. L'avortement est-il pour vous un crime ?
9. Parmi les suggestions suivantes, laquelle se rapproche le plus de votre fantasme favori : être un musicien de renom ; être un champion sportif ; créer une ambiance chaleureuse pour votre famille ; gagner au loto ; être l'auteur d'un best-seller ?

COMMENT SUIS-JE ?

Voici un questionnaire à remplir à deux pour vous permettre de comparer l'image que vous avez de vous-même et celle qu'en a celui ou celle qui partage votre vie. Répondez d'abord à chaque question, puis demandez-lui de donner son propre point de vue sur vos qualités, vos traits de caractère. Vous pourrez, ensemble, étudier vos forces et vos faiblesses et déterminer les améliorations possibles. Puis faites le même exercice en mettant l'autre sur la sellette.

Vous-même

1. Êtes-vous extraverti(e), introverti(e), entre les deux ?
2. Vous définiriez-vous comme optimiste ?
3. Avez-vous besoin de vous contrôler ?
4. Êtes-vous perfectionniste ?
5. Diriez-vous que vous êtes un esprit libre et aventureux ?
6. Vous faites-vous toujours du souci ?
7. Diriez-vous que vous manifestez une assurance à toute épreuve ?
8. Faites-vous attention aux sentiments des autres ?
9. Diriez-vous que vous êtes aimable ?
10. Êtes-vous entêté(e) ?
11. Avez-vous mauvais caractère ?
12. Êtes-vous d'un naturel cachottier ?
13. Avez-vous une nature envieuse ?
14. Êtes-vous d'un naturel paresseux ?
15. Diriez-vous que vous êtes névrosé(e) ?
16. Une routine bien établie vous convient-elle ?

17. Êtes-vous solitaire ?
18. Avez-vous un esprit curieux ?
19. Avez-vous une attitude craintive devant la vie ?
20. Les menues frustrations vous exaspèrent-elles ?
21. Vous découragez-vous facilement ?
22. Êtes-vous impatient(e) ?
23. Êtes-vous spontané(e) ?

Dans le couple

1. Exprimez-vous facilement vos émotions ?
2. Êtes-vous d'un naturel jaloux ?
3. Faut-il vous dire sans cesse qu'on vous aime ?
4. Gardez-vous rancune ?
5. Votre humeur est-elle volontiers imprévisible ?
6. Jouez-vous des jeux de pouvoir ?
7. Connaissez-vous bien vos désirs et vos besoins ?
8. Faites-vous du chantage affectif ?
9. Êtes-vous sensible aux besoins de votre conjoint ?
10. Gardez-vous des ressentiments ?
11. Avez-vous du mal à reconnaître vos torts ?
12. Passez-vous votre mauvaise humeur et vos frustrations sur l'autre ?
13. Votre bonheur est-il de la responsabilité de l'autre membre du couple ?
14. Cela vous fâche-t-il que votre partenaire veuille voir sans vous ses vieux amis ?
15. Cherchez-vous des motifs, des sens cachés aux propos de votre conjoint ?

16. Vous servez-vous des rapports sexuels pour obtenir ce que vous voulez ?
17. Vous est-il difficile de faire confiance ?
18. Pensez-vous que si l'amour est vrai, on doit être compris sans avoir rien à dire ?
19. Une âpre dispute attise-t-elle votre passion ?
20. En règle générale, vous rangez-vous à l'avis de l'autre ?
21. Avez-vous le sentiment que l'autre vous comprend ?
22. Avez-vous tendance à bouder ?
23. Diriez-vous que vous savez écouter ?

Au travail

1. Paniquez-vous en cas de crise ?
2. Diriez-vous que vous vous consacrez beaucoup à votre travail ?
3. Avez-vous beaucoup d'ambition ?
4. Avez-vous du mal à déléguer ?
5. Travaillez-vous bien en équipe ?
6. Êtes-vous de ceux pour qui le travail occupe toute la vie ?
7. Êtes-vous toujours ponctuel(le) ?
8. Qu'est-ce qui compte le plus pour vous, un travail que vous aimez ou un haut salaire ?
9. Est-il facile de travailler avec vous ?
10. Vous est-il plus facile de travailler avec des collègues de l'autre sexe ?
11. Êtes-vous ou non la même personne au bureau et à la maison ?
12. La loyauté à l'égard de l'entreprise est-elle essentielle à vos yeux ?
13. Avez-vous envie de gagner les sommets dans l'entreprise ?
14. Votre travail a-t-il priorité sur les autres aspects de votre vie ?
15. Le travail est-il pour vous une corvée ?
16. Aimez-vous la compétition ?
17. Dans le monde du travail, l'âpreté est-elle une qualité ?
18. Vous affirmez-vous en toute tranquillité ?
19. Comment décririez-vous votre façon de travailler :
- **a.** lente et réfléchie ?
- **b.** enthousiaste et précipitée ?
- **c.** entre les deux ?

20. Les défis vous réussissent-ils ?
21. Feriez-vous l'école buissonnière pour aller faire un pique-nique ?
22. Travaillez-vous en dessous de vos possibilités ?
23. Notez de 0 à 10 la satisfaction que vous retirez de votre travail.

Dans les relations sociales

1. Êtes-vous grégaire ?
2. L'amitié a-t-elle beaucoup de valeur pour vous ?
3. Préférez-vous une soirée avec beaucoup de monde ou seulement quelques amis choisis ?
4. Pour une soirée, prenez-vous soin de votre tenue ?
5. Appréciez-vous votre propre compagnie ?
6. Cela vous perturbe-t-il qu'on arrive chez vous à l'improviste ?
7. Avez-vous un ami intime de l'autre sexe ?
8. Aimez-vous longuement bavarder ?
9. Vous est-il facile d'engager la conversation avec un inconnu ?
10. Aimez-vous être le centre de l'attention ?
11. Vous distraire est-il une façon de montrer votre statut social, votre style ?
12. Une conversation avec des gens d'un autre milieu que le vôtre ou n'ayant pas vos opinons est-elle, pour vous, une chose difficile ?
13. Regardez-vous les gens dans les yeux ?
14. Vous faut-il un peu d'alcool pour vous détendre en société ?
15. Aimez-vous :
- **a.** tous les amis de votre conjoint ?
- **b.** quelques-uns de ses amis ?
- **c.** aucun de ses amis ?

16. Prenez-vous souvent plus de plaisir à préparer un dîner ou une soirée qu'au repas lui-même ou à participer à cette soirée ?
17. Flirtez-vous volontiers ?
18. Préférez-vous vous en tenir à vos vieux amis plutôt que faire de nouvelles rencontres ?
19. Vous laissez-vous aller lorsque vous dansez ?
20. Vous souciez-vous de l'impression que vous produisez sur les autres ?
21. Est-il important de se montrer poli et respectueux envers les autres ?
22. Aimez-vous porter des vêtements voyants quand vous allez à une soirée ?
23. Êtes-vous quelqu'un qui aime ou déteste sans autre solution de rechange ?

SAVEZ-VOUS COMMUNIQUER ?

Il y a quelques années, on lisait souvent sur les murs : « Faites l'amour, pas la guerre. » Une de ces inscriptions reçut un jour le post-scriptum suivant : « Je suis marié. Je fais les deux. » Un sourire un peu grimaçant peut naître à la lecture de ce commentaire quand on a connu la guerre dans le couple, c'est-à-dire les joutes verbales, les critiques et reproches lancés lorsqu'une conversation somme toute banale soudain dégénère.

Les êtres humains, pour faire savoir qui ils sont, ce qu'ils veulent et pour justifier leurs comportements, disposent du langage, de leurs expressions physionomiques et de leurs gestes. Tant qu'on file le parfait amour, lorsque la tendresse et l'attirance sexuelle sont à leur zénith, communiquer est délicieux et facile. Avec le temps, la relation s'installe et, inévitablement, quelques malentendus apparaissent. La situation alors empire à chaque fois qu'un quiproquo n'est pas éclairci et prépare le terrain pour le suivant.

La plupart du temps, nos conversations sont spontanées. Nous savons ce que nous voulons dire mais nous ne prenons pas le temps de réfléchir à la façon de l'exprimer. C'est ainsi que Jeanne ayant dit à Nicolas qu'un de leurs amis les invitait pour un week-end à la campagne, celui-ci répondit : « Pour moi, c'est d'accord », d'une voix très calme, tout en continuant à regarder par la fenêtre. Jeanne, qui avait souvent peur que Nicolas ne trouve leur vie commune ennuyeuse, décela dans ce ton morne une confirmation de ses craintes. Elle se mit alors en colère,

disant qu'il ne facilitait en rien leur vie sociale. De son côté, Nicolas pensait avoir donné une réponse tout à fait satisfaisante. Il avait répondu sur un ton neutre, parce qu'il était en train de penser à tout autre chose, notamment à ses impôts à payer à temps et non pour signifier à sa femme que cette invitation le laissait indifférent. Leur conversation s'envenima, alors qu'il n'y avait pas matière à dispute.

Entendre la critique

On peut aussi entendre un reproche là où il n'y en a pas. Un jour, un voisin demande à Jacques de l'aider à réparer sa porte d'entrée. Lorsqu'il revient deux heures plus tard, sa femme l'accueille en soupirant et lui reproche de se laisser solliciter en permanence par les uns et les autres. En fait, Caroline trouve que Jacques, qui a un travail très prenant, n'a pas le temps de se reposer et elle craint qu'il ne se rende malade. Jacques, lui, croit que Caroline lui signifie qu'il est incapable de dire non et qu'il s'y prend mal avec les gens. Il réagit vivement, des échanges aigres s'ensuivent, qui ne se seraient pas produits si Caroline avait clairement exprimé le souci qu'elle se faisait.

C'est maintenant au tour de Caroline de ne pas comprendre Jacques lorsqu'il intervient dans sa façon de faire la cuisine. Il lui dit de tenir le grand couteau autrement, de ne pas faire trois choses à la fois et vérifie qu'elle a bien éteint le gaz. Jacques craint que Caroline, qui est assez étourdie, ne soit un jour victime d'un accident domestique. Dans cet exemple, la mésentente provient de ce que Jacques ne fait qu'indiquer une façon plus sûre d'opérer tandis que Caroline pense que les conseils de son mari laissent sous-entendre qu'il la juge négligente et stupide.

Il arrive aussi que des critiques visant une personne étrangère soient considérées comme une attaque personnelle. Lorsque Patrick a obtenu des

La communication est coupée...
Nous ne pouvons espérer d'être compris si nous ne disons pas précisément ce que nous voulons faire entendre. Même dans une conversation banale, mieux vaut s'exprimer clairement.

Des souvenirs contrastés

Pour d'aucuns, les pièces sombres et les meubles traditionnels d'une vieille maison revêtent un grand charme : ils évoquent l'enfance et des soirées hivernales douillettes passées au coin du feu. D'autres se souviendront de leurs peurs et de leurs frustrations d'enfant élevé très sévèrement.

places pour emmener Magali au théâtre voir une pièce à grand succès, il était ravi. Après la représentation, Magali fit part de sa déception en indiquant que le comédien tenant le rôle principal n'avait pas été bien choisi. Patrick et Magali vivaient alors ensemble depuis huit mois et les premières divergences de goût et d'opinion apparaissaient. Au lieu d'entamer un intéressant débat sur la pièce à laquelle ils venaient d'assister, Patrick prit la critique pour lui. Il se convainquit que le vrai message de Magali était que lui la décevait et qu'il ne jouait pas un rôle central dans sa vie. Il se mit alors à défendre bec et ongles la pièce et la distribution tandis que, de son côté, Magali durcissait le ton.

Les louanges aussi peuvent être comprises comme des critiques indirectes. Ainsi, si votre compagnon complimente une femme devant vous, vous pouvez entendre que ces éloges impliquent que vous ne soutenez pas la comparaison avec elle. Par ailleurs, un compliment qui, pourtant, vous est bien adressé peut être mal reçu. Lorsqu'un éditeur refusa à Jeanine de publier ses poèmes, Paul chercha à la réconforter en lui rappelant ses talents de dessinatrice. Jeanine pensa alors qu'il lui conseillait de se limiter à ce qu'elle savait faire et, à la grande stupéfaction de Paul, elle éclata en sanglots...

Les causes des malentendus

Une entente et une compréhension parfaites tiennent du mythe... car nous sommes tous des êtres complexes ! Tout ce que nous pensons, disons et faisons passe par le prisme de tout ce que nous avons déjà connu dans la vie. Deux personnes qui partagent aujourd'hui la même expérience peuvent, de ce fait, la vivre très différemment. Les malentendus dans un couple ont trois causes principales :

1. L'un et l'autre ne s'expriment pas clairement ou ne disent pas vraiment ce qu'ils pensent.

2. Chacun interprète à sa façon ce que l'autre pense ou ressent.

3. L'un n'écoute pas ce que l'autre dit.

Bien trop souvent, nous sommes persuadés de savoir exactement ce que l'autre pense. Au lieu d'écouter, nous faisons des hypothèses qui, parfois, n'ont que peu de rapport avec ce qui a effectivement été dit. Nous « n'entendons » que par anticipation de ce que l'autre va dire.

Apprendre à écouter

Nous pratiquons tous plus ou moins une écoute sélective. Nous avons l'oreille fine pour ce qui nous plaît, nous intéresse

Je croyais que tu étais d'accord

Robert avait toujours cru qu'Irène aimait dormir pelotonnée contre lui, alors qu'elle avait l'impression de suffoquer à être serrée de si près. En se couchant, elle se mit à ronchonner pour le tenir à distance.

Ce n'était pas ce que je pensais

Une façon fréquente de ne pas dire ce que l'on veut est d'affirmer que quelque chose vous est égal alors que ça ne l'est pas. Lorsque Jérémie a demandé à Pauline si cela ne l'ennuyait pas qu'il passe sa journée à pêcher, elle a répondu non. En réalité, elle lui en a beaucoup voulu. Elle croyait que son intonation suffirait à faire comprendre que cela la peinait. Mais il n'a pas compris.

ou vient à l'appui de nos sentiments ou de nos convictions. En d'autres termes, « nous n'entendons que ce que nous voulons bien entendre ». Pour écouter vraiment, en revanche, il faut prêter attention : cette attention signifie avant tout de s'interdire de « déconnecter » – un réflexe pour beaucoup, lorsque l'interlocuteur harcèle, crie ou sort de ses gonds – ou de n'écouter qu'à moitié.

Il est également très important de vous assurer que vous avez bien compris ce qui vient d'être dit. Aussi vous faut-il répéter ce que vous pensez avoir entendu de façon que votre interlocuteur infirme ou confirme. Et, si vous ne comprenez pas ses propos, demandez qu'il ou elle s'explique différemment, trouve une autre formulation.

Enfin, il faut réfléchir avant de faire le moindre commentaire. On peut toujours donner son opinion sur des faits tangibles, mais, quand il s'agit des sentiments et des émotions éprouvés par quelqu'un d'autre, il vaut souvent mieux s'abstenir de les commenter. Dire à une personne qu'elle est immature, manque de caractère ou qu'elle est en pleine névrose est bien évidemment blessant et, surtout, ces assertions pour le moins arbitraires ne mènent nulle part.

Écouter les autres est avant tout une marque de respect de leurs opinions et de leur droit à avoir leurs propres sentiments, que vous les approuviez ou non.

Des aptitudes complémentaires

Il est indispensable de savoir distinguer s'il y a ou non volonté d'offenser de la part de votre interlocuteur, sinon vous risqueriez de réagir trop violemment à une remarque seulement désobligeante. Si vous êtes honnête avec vous-même et direct avec votre conjoint, vous saurez que c'est vous qui cherchez querelle ou qui voulez provoquer une confrontation, ou encore que vous avez l'intention de blesser. Souvenez-vous qu'une provocation aboutit presque toujours à une dispute, à l'issue de laquelle vous vous sentirez frustré.

Être capable d'écouter avec générosité, attention, sans excès d'esprit critique, et savoir s'exprimer avec clarté sont des aptitudes complémentaires en matière de communication. Elles seules permettront à votre relation de ne pas sombrer lors des premiers malentendus, des premières scènes qui ne manqueront pas de se produire un jour et qui risquent de vous plonger l'un et l'autre dans la solitude.

Écoute ce que je te dis

Une autre façon de ne pas dire ce que l'on a à dire est de déplacer le problème. Ainsi, lorsque Jeanne se plaint du temps que Luc passe devant la télévision, en vérité, ce dont elle se plaint réellement est qu'il ne fasse pas assez attention à elle. Et, de toute façon, il ne l'écoute pas !

QU'EST-CE QUI VOUS PERTURBE ?

Certaines querelles qui vous opposent à l'autre sont parfois difficilement compréhensibles. « Mais c'est totalement absurde... », dites-vous quand vous prenez conscience que cette dispute qui dure depuis des heures fait naître en vous des envies de meurtre... tout simplement parce qu'il ou elle a fini un dessert que vous convoitiez ! Vous n'arrivez pas à croire qu'un motif aussi futile puisse prendre de telles proportions. Et pourtant, combien disent, dans des cas extrêmes, avoir divorcé parce qu'il ou elle ne refermait jamais le tube de dentifrice, sans parler de cet homme qui a tué sa femme parce qu'elle n'avait pas

Un volcan sous la cendre
Soucis et ressentiments cachés peuvent s'enflammer brutalement et envenimer des disputes parties d'une vétille : qui fait la vaisselle, pourquoi ne pas téléphoner quand on est en retard...

rangé la moutarde à sa place ! Sommes-nous si mesquins ou bien ces vétilles cachent-elles autre chose ?

De minimes irritations continuelles peuvent causer plus de dégâts qu'une divergence plus profonde mais occasionnelle. Lorsque ces petits désagréments provoquent chez vous des explosions de rage ou une peine aiguë, c'est qu'ils agissent comme le signal d'un problème plus grave non résolu qui s'est insidieusement installé entre vous.

Sans doute vous rendez-vous compte que l'ampleur de la querelle est, dans bien des cas, disproportionnée par rapport à ce qui l'a déclenchée mais que vous ne percevez pas le problème de façon plus profonde. Le fait que votre conjoint ait terminé le dessert que vous espériez partager sans vous demander votre avis, par exemple, réveille en vous une angoisse sous-jacente, qui vous fait dire que son égoïsme montre qu'il ne se soucie pas de vous. Peut-être ne vous aime-t-il plus ? Mais vous n'y pensez pas, car ce serait remettre en question toute votre relation et éventuellement devoir y mettre un terme.

Peut-être aussi savez-vous ce qui vous a réellement mis en colère, mais ne voulez pas provoquer votre conjoint en l'explicitant, ou encore, vous ne vous reconnaissez pas le droit de critiquer ouvertement son comportement : il est alors plus facile de s'irriter au moindre prétexte. Mais ces disputes ne font qu'accroître le ressentiment et rendre plus ardu le problème qui demeure toujours sans solution. Traiter les vraies difficultés produira à n'en pas douter un effet plus positif que vous ne le pensez.

Comment naissent vos disputes ?

Le questionnaire qui suit vous permettra de cerner si vos disputes portent véritablement sur des questions matérielles et sans importance ou si elles révèlent une divergence plus fondamentale. Il vous montrera également quelles sont celles sur lesquelles vos avis diffèrent. Cochez, dans chaque cas, la réponse qui correspondrait le mieux à votre expérience, puis voyez leur signification page 138.

1. Vous vous disputez sur qui fait quoi dans la maison. L'un se plaint d'avoir tout à faire, l'autre soutient que le partage est équitable.

Si vous pensez en faire trop, êtes-vous en colère parce que :

a. Vous voulez plus de temps pour faire autre chose?

b. Vous croyez que l'autre pense que ce travail vous incombe ?

c. Vous pensez que l'autre considère que votre temps est moins important que le sien ?

Si vous croyez en faire assez, éprouvez-vous du ressentiment parce que vous pensez :

a. Que ces tâches ne sont pas toutes nécessaires ?

b. Que l'autre veut vous contrôler ?

c. Que ce que vous faites n'est pas apprécié ?

2. Les disputes naissent parce que l'un de vous est souvent en retard et ne prévient pas.

Si c'est vous qui vous plaignez des retards, est-ce parce que :

a. Vous vous inquiétez de ce qui a pu lui arriver ?

b. Vous estimez qu'il ou elle vous manque de respect ?

c. Vous pensez qu'il ou elle s'intéresse davantage aux autres qu'à vous ?

Si vous êtes en colère parce qu'on se plaint de vos retards, est-ce parce que :

a. Vos retards sont accidentels et rares ?

b. Vous ne croyez pas que l'autre comprenne vos propres difficultés ?

c. Vous estimez que l'autre veut vous contrôler d'un peu trop près ?

3. Vous vous querellez parce que vos idées divergent sur la façon de dépenser l'argent et que l'un de vous juge l'autre trop dépensier.

Vous trouvez que l'autre dépense trop et cela vous irrite parce que :

a. L'argent ne pousse pas et vous avez des difficultés à régler toutes les factures ?

b. Vous estimez que vous devriez donner votre avis sur les dépenses et que l'argent devrait être partagé ?

c. Vous croyez que votre conjoint n'accorde pas de valeur à ce qui est important pour vous ?

Si c'est l'autre qui vous reproche de trop dépenser, êtes-vous en colère parce que :

a. Il reste assez pour parer à l'indispensable, alors quelle importance ?

b. Vouloir réduire vos dépenses serait entamer votre indépendance ?

c. Vous estimez que l'autre accorde une trop grande importance à l'argent ?

4. Les rapports sexuels sont conflictuels. L'un de vous est plus intéressé que l'autre et pas aux mêmes moments :

Si c'est vous qui freinez, qu'est-ce qui vous déplaît :

a. Vous n'appréciez plus vos relations sexuelles ?

b. Vous pensez que vos sentiments ne sont pas suffisamment pris en compte ?

c. Vous pensez que l'autre n'a que « ça » en tête et que cela a peu à voir avec l'amour ?

Si c'est vous à qui l'on refuse, votre colère vient de ce que :

a. Vous avez besoin de rapports sexuels pour être en forme ?

b. Vous croyez qu'un refus signifie qu'il y a quelqu'un d'autre ?

c. Vous vous sentez rejeté(e) ou mal aimé(e) ?

5. L'emploi du temps pose souvent problème : l'un de vous prend des engagements – qui vous concernent tous les deux ou ne concernent qu'elle ou lui – sans consulter l'autre :

C'est l'autre qui a pris les engagements et vous vous mettez en colère parce que :

a. Vous avez besoin d'être consulté(e) afin d'organiser votre emploi du temps ?

b. Vous pensez que votre conjoint estime que votre programme est moins important que le sien ?

c. Vous pensez que, pour l'autre, peu importe que vous soyez libre ou non ?

L'autre se plaint des engagements que vous prenez, et cela vous contrarie parce que :

a. Vous ne pensiez pas que cela poserait problème ?

b. Vous ne pensiez pas qu'il vous fallait systématiquement son accord pour arranger quelque chose ?

c. Vous pensez que votre conjoint restreint votre liberté ?

6. L'un de vous a un ami que l'autre n'aime pas et cela crée des frictions.

C'est vous qui n'aimez pas l'ami en question et vous vous fâchez parce que :

a. C'est quelqu'un que vous n'avez pas envie de voir ?

b. Vous en voulez à l'autre d'aimer quelqu'un que vous n'aimez pas ?

c. Vous croyez que ses sentiments vis-à-vis de cet ami signifient que vous avez moins de valeur à ses yeux ?

C'est l'un de vos amis qu'on n'aime pas et cela vous contrarie parce que :

a. C'est quelqu'un que vous appréciez et que vous avez envie de voir souvent ?

b. Vous n'aimez guère qu'on vous dise pour qui vous pouvez éprouver de l'amitié ?

c. Vous pensez que l'autre se moque de ce qui, pour vous, a une grande importance ?

7. Choisir un programme à la télévision est l'occasion de pugilats ! L'un refuse de voir le programme que l'autre veut suivre.

C'est vous qui vous opposez au choix de l'autre, et cela parce que :

a. Vous voulez regarder un autre genre d'émission ?

b. Vous estimez qu'il pense que vous devez toujours vous ranger à son avis ?

c. Vous pensez qu'il préfère regarder la télé plutôt que parler avec vous ?

C'est lui ou elle qui conteste votre choix, et vous vous mettez en colère parce que :

a. C'est votre émission favorite ?

b. Vous pensez qu'on vous gâche délibérément votre plaisir ?

c. Vous pensez que l'autre veut arrêter la télé pour aborder un problème dont vous ne souhaitez pas parler à cet instant précis ?

Le calme après la tempête

Si on ne les traite pas immédiatement, des problèmes mineurs peuvent entraîner de graves conflits. Mais une bonne communication, une volonté constante de rétablir l'harmonie peuvent réduire les tensions et leurs conséquences et, de ce fait, accroître la compréhension mutuelle.

BONNE ÉCOUTE OU MALENTENDUS ?

Une relation harmonieuse demande que les individus se comprennent bien. Des frictions entre personnes qui vivent ensemble sont normales, mais, lorsque des disputes hors de proportion surgissent pour ce qui peut paraître une peccadille, c'est que l'un ou l'autre des partenaires, voire les deux, manquent de compréhension mutuelle.

Les psychologues entendent souvent des tirades commençant par « il (ou elle) sait très bien ce que j'aime... ou n'aime pas... » et se terminant par « et pourtant, il (ou elle) n'en tient aucun compte... » Et il apparaît souvent que les choses n'ont jamais été exprimées clairement. On s'imagine cependant avoir suffisamment fait connaître ses sentiments en prodiguant mimiques et sous-entendus.

Si vous avez de telles façons par trop détournées d'exprimer vos désirs et vos besoins, votre conjoint peut parfaitement les interpréter de travers. Et c'est là une recette infaillible pour faire monter la colère. Lorsque vous vous sentez incompris, lorsque l'autre

Ce qu'ils se disent

Marc : « Je suis tombé sur Paul en rentrant. Il m'a dit qu'il dînait dans un restaurant avec des copains et que nous devrions nous joindre à eux. Veux-tu y aller ? »
Elsa : « C'est cher ? »
Marc : « Non, il y a un menu très abordable ! »

Ce qu'ils se disent

Elsa : « J'ai un travail pour lequel je suis très en retard et que je dois impérativement terminer ce soir. Vas-y sans moi si tu en as envie. »
Marc : « D'accord... À tout à l'heure ! »
Marc s'en va seul à cette soirée.

Ce qu'ils veulent dire

Elsa est soucieuse quant à son budget ; elle ne cherche pas la dispute et, en demandant à Marc si l'endroit était cher, elle voulait dire « nous ne pouvons pas nous le permettre ». Si Marc l'avait questionnée, elle aurait sans doute dit « même abordable, c'est encore trop cher pour nous ».

Ce qu'ils veulent dire

Si les rôles étaient inversés, Elsa pense qu'elle ne serait pas sortie. Marc prend ce qu'elle dit au pied de la lettre. Elsa ne comprend pas qu'il n'ait pas perçu sa pensée ; elle se sent blessée de porter seule le souci de leurs modestes finances, alors que Marc sort rejoindre ses copains et s'amuse sans elle.

vous semble faire fi de façon criante de vos désirs, posez-vous la question suivante : « Me suis-je bien fait comprendre ? » Dès lors que vous aurez perçu qu'il fallait prendre le problème à sa racine, vous serez sur la bonne voie. Si vous ne le faites pas, la situation empirera comme cela est arrivé à Marc et Elsa (voir ci-dessous). Comme bien d'autres couples, ils font tous deux l'hypothèse que leurs sentiments et leurs anxiétés sont tout à fait évidents, alors qu'ils ne les ont pas explicités clairement.

Ce qu'ils se disent

Au retour de Marc, Elsa est au lit en train de lire. Ayant passé une agréable soirée, Marc est de bonne humeur, il se serre contre elle.

Elsa : « Est-ce que tu as bien mangé et bien bu ? »

Marc : « Pas beaucoup... »

Il lui enlève son livre et va pour l'embrasser.

Ce qu'ils veulent dire

Demander à Marc s'il a bien mangé est la façon d'Elsa de lui dire : « Combien as-tu dépensé ? » Elsa pense que Marc se moque éperdument de ce qui la préoccupe et trouve qu'il dépasse les bornes en voulant, en plus, faire l'amour.

Les origines de la querelle

Au lieu d'exposer nettement ses soucis, Elsa estime que Marc les connaît mais choisit de ne pas en tenir compte pour ne penser qu'à son propre plaisir. Marc perçoit bien une tension dans les façons d'Elsa, mais cela l'inciterait davantage encore à sortir plutôt qu'à dire : « Tout va bien, ou y a-t-il un problème ? » Lorsqu'il rentre à la maison, Elsa lui en veut et est prête à lui chercher querelle. À cela s'ajoute le fait qu'il semble avoir passé une excellente soirée tandis

Ce qu'ils se disent

Elsa *(en colère)* : « J'étais en train de lire. Tu es d'un égoïsme ! Seuls comptent tes désirs et tu ne penses qu'à toi ! »

Marc : « Tu n'es vraiment plus marrante ! Toi, tu ne penses qu'à travailler ! »

Et la dispute commence...

Ce qu'ils veulent dire

Elsa pense qu'elle est négligée et que Marc est véritablement un égoïste. Marc, à qui les sentiments d'Elsa échappent, a simplement envie de faire l'amour. Il ne perçoit pas la peine qu'éprouve sa compagne et la trouve rabat-joie.

qu'elle s'est sentie esseulée et triste. Lorsqu'il a des gestes affectueux à son égard, elle pense qu'il ne se soucie que de ses propres envies. Quand la dispute éclate, Elsa, entre autres reproches, évoque la sortie de Marc. À son tour, celui-ci s'insurge contre son irrationalité, son manque de logique, puisque c'est elle qui lui a suggéré de sortir!

Si ce type de scénario venait à se reproduire trop souvent, la situation pourrait très vite se détériorer. Au lieu d'aborder directement le problème, ce qui permettrait à Marc de partager la responsabilité de leurs finances, Elsa se drape dans une espèce d'austérité pour lui montrer l'exemple du comportement qu'elle attend de lui. Elle devient de plus en plus irascible quand il ne suit pas du tout l'exemple qu'elle considère le meilleur et qu'elle cherche à lui imposer. Marc va réagir à ce qui, pour lui, est un manque de rationalité, à sa froideur, et se comporter d'une façon qui, de plus en plus, fera de lui « l'enfant irresponsable » et d'elle la « mère sévère ».

Ce qu'ils pourraient se dire
Tout irait mieux si Elsa faisait clairement part de ses soucis :
Elsa : « Nous n'avons pas beaucoup d'argent et je me fais beaucoup de souci. »
Marc : « Tu as raison. Il faut en parler. »

Ce qui en découlerait
Elsa indique à Marc quel est le problème qui lui cause tant de soucis, et, comme elle ne commence pas par lui en faire grief, ni par lui reprocher quoi que ce soit, elle lui permet de réagir positivement sans se mettre sur la défensive.

Ce qu'ils pourraient se dire
Elsa : « Quand tu prends du plaisir sans moi, j'ai peur que tu ne m'aimes plus. »
Marc : « J'avais vraiment besoin de passer une soirée dehors, mais cela aurait été bien mieux si tu avais été là. Je t'aime et j'aime être avec toi. »

Ce qui en découlerait
Elsa a fait preuve d'honnêteté en disant à quel point elle se sentait vulnérable. Cela montre à Marc qu'elle a besoin d'être assurée de son amour et qu'elle n'est pas ce rabat-joie qui ne supporte pas qu'il prenne un peu de plaisir.

Éviter les allusions

Il est bien tentant de se dire qu'un homme ou une femme qui vous connaît si bien sait ce que vous pensez et éprouvez. Mais, lorsque vous y réfléchissez, pouvez-vous toujours savoir exactement ce que vous voulez, ce qui se cache derrière une de vos colères ? Ces sentiments sont les vôtres en ce sens que ce qui fait que vous désirez telle chose, que vous avez peur ou êtes triste tient à l'ensemble de votre personnalité, à toutes les expériences que vous avez déjà vécues. C'est une erreur de croire que ce sont les autres qui vous mettent en colère ou vous énervent. Les autres ne font qu'activer des vulnérabilités qui étaient déjà bien enracinées en vous.

Si Marc et Elsa continuent à se chamailler continuellement, Elsa pourrait bien, au lieu de faire de vagues allusions au problème, heurter de front un jour Marc en lui jetant au visage : « Tu me rends malade ! Tu es totalement irresponsable ! Tu te moques de ce que je désire tant que tu as ce que tu veux ! »

Apprendre à être direct

On pourrait penser que l'approche est directe. Il n'en est rien. Si Elsa avait tenté d'expliquer à Marc qu'elle se faisait du souci pour leur situation pécuniaire et qu'elle se sentait atteinte lorsqu'il sortait sans elle, elle lui aurait donné plus de chance de comprendre ses colères et ses frustrations. De telles affirmations auraient été à la fois honnêtes et directes parce qu'Elsa aurait parlé d'elle-même et de ses réactions à ce qui survenait. Elles n'auraient pas été un blâme pour son compagnon mais la mise en lumière de son point de vue personnel.

Lorsqu'il n'y a ni mauvaises intentions ni mauvais sentiments dans un couple, il y a tout intérêt à être direct, cela permet d'aller au fond du problème et de le traiter en trouvant éventuellement un compromis. Si Elsa avait avoué à Marc que leur problème d'argent la préoccupait, il aurait pu répondre : « J'ai eu une journée terrible au bureau et j'ai vraiment besoin de me détendre ce soir. » Ils auraient pu alors envisager diverses hypothèses : trouver ensemble un moyen de se détendre qui ne coûte rien ou décider, étant donné le stress subi par Marc, de dépenser un peu plus ce soir-là que ce qu'Elsa aurait normalement jugé raisonnable.

Il est parfois bien difficile de mettre un terme à une querelle qui prend de l'ampleur et qui échappe sur le moment à tout contrôle. Si votre journée a été rude, si vous n'êtes pas de bonne humeur, vous n'aurez sans doute pas la patience, ni même l'envie, de chercher plus avant où est le vrai problème. Mais si vos échanges hargneux deviennent fréquents et affectent l'ensemble de votre relation, il est bon alors d'y réfléchir à tête reposée. Repensez à la dispute, analysez ce qu'alors vous éprouviez, ce que vous vouliez et la façon dont vous vous êtes exprimé. Résistez à la tentation d'analyser ce qu'a dit ou voulu dire l'autre, car vous pourriez parvenir à des conclusions erronées. Examinez plutôt vos propres motivations profondes, vos propos exacts. Bien des colères prennent leur source dans des blessures cachées, des craintes qu'il est difficile de faire connaître et qu'on préfère masquer par de la rage ou du dépit.

Préparez-vous à discuter

Il vous sera plus facile à tous les deux de parler calmement et d'exposer votre point de vue si vous fixez un jour et une heure pour le faire.

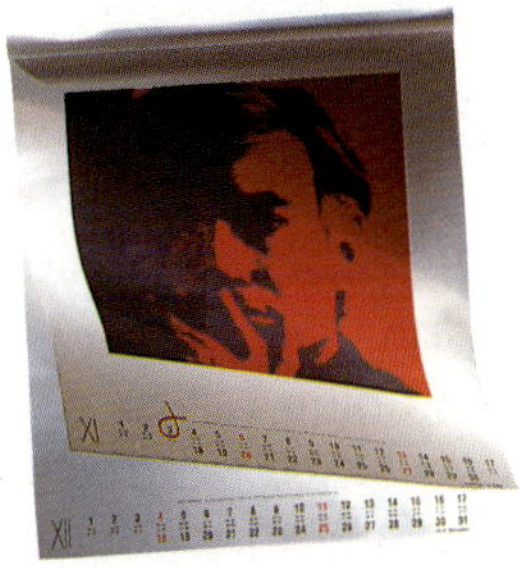

Prendre le temps d'en parler

Quand vous aurez reconnu en quoi vous vous êtes peut-être trompé ou ce que vous avez omis de dire, suggérez à l'autre de prendre le temps d'en parler. Ne faites pas cette proposition au milieu de la dispute, attendez de partager un moment agréable et dites quelques mots de ce genre : « J'ai réfléchi à notre stupide querelle de l'autre soir et je pense que j'ai pu te donner une impression fausse de ce qu'était pour moi le problème. Si nous en parlions ? » Il peut vous convenir à l'un et à l'autre d'en discuter sur-le-champ, mais, si tel n'est pas le cas, proposez de fixer le moment où vous le ferez, en rappelant que vous avez vraiment envie de clarifier les choses.

Vous aurez dans ce cas le temps de trouver les mots justes. En vous limitant à vos propres réactions, à vos sentiments, sans donner l'impression que votre conjoint en porte la responsabilité, vous permettrez à celui-ci ou celle-ci d'exposer à son tour ses motivations, ses émotions. Ainsi, dans un climat de générosité, vous pourrez réellement vous entendre et effacer tout malentendu.

EN CAS D'INFIDÉLITÉ...

L'INFIDÉLITÉ A TOUJOURS miné nombre de couples et fait partie des éventualités qu'il ne faut pas se cacher : selon de récentes études, un homme sur trois et une femme sur quatre admettent avoir été infidèles. Mais il y a infidélité et infidélité... du coup de folie un soir de boisson excessive à l'affaire sérieuse qui prend une importance menaçante pour les liens conjugaux.

Parmi les affaires sérieuses, encore y a-t-il des degrés ! Une nuit passée en agréable compagnie parce qu'on est loin de chez soi ne signifie pas grand-chose, c'est le tout premier degré. Plus importante est l'incartade commise, voire la série d'incartades, parce que la curiosité sexuelle est éveillée, parce qu'un certain ennui s'est installé dans les relations du couple au foyer. Enfin, au plus haut degré, il y a la liaison durable qui implique infidélité non seulement sur le plan sexuel, mais aussi sur le plan affectif.

Une vie, deux amours

Avoir une aventure peut vous sortir de l'ennui qui atteint votre vie sexuelle, mais peut aussi mettre en danger les liens qui vous unissent à votre conjoint...

Les aventures extra-conjugales

Diverses motivations conduisent à l'infidélité. Ne nous attardons pas sur l'aventure d'une nuit sans lendemain qui s'est produite dans des circonstances exceptionnelles – encore qu'elle puisse, elle aussi, répondre à de très profondes motivations. Les plus évidentes sont d'ordre sexuel : vous voulez avoir des rapports extra-conjugaux même si votre vie sexuelle est satisfaisante ou, au contraire, celle-ci laisse à désirer et vous voulez voir ailleurs. La rencontre peut être de nature purement sexuelle et vous permettre de vérifier que vous pouvez encore séduire quel que soit votre âge. Dans d'autres cas, la motivation est d'évidence affective, même si la dimension sexuelle est très présente. Vous ne vous entendez plus avec votre femme ou votre mari et vous avez le sentiment d'être négligé. L'aventure restaure votre amour-propre. Il peut y avoir également un désir de vengeance :

vous êtes en colère contre l'autre, et l'infidélité est un moyen de lui rendre la monnaie de sa pièce. Il peut arriver également que la crainte d'un trop grand engagement ou la peur de l'intimité fassent d'une relation jusque-là exclusive quelque chose de menaçant : des aventures parallèles peuvent alors réintroduire la distance que vous jugez souhaitable dans la relation première. Enfin, il se peut que vous vous lanciez dans une nouvelle liaison parce que vous estimez que l'ancienne a décidément vécu et que vous voulez un réel motif pour avoir la force de rompre.

Bien des infidélités demeurent secrètes, mais, même en ce cas, elles affectent la relation. L'aventure d'une nuit, la brusque fringale sexuelle ne créeront peut-être pas trop de vagues si votre comportement n'est pas altéré, mais si vous vous sentez coupable, cela se verra. De plus, une liaison amorcée sous prétexte que votre vie sexuelle est devenue ennuyeuse peut avoir de plus graves conséquences : votre appétit sera ranimé mais le problème demeurera entier dans votre vie conjugale, voire s'aggravera, parce que vous n'aurez rien fait pour le résoudre.

Une liaison qui naît du besoin de se rassurer sur sa séduction, sur sa jeunesse, de reprendre confiance en soi peut avoir deux types de conséquences. Ayant restauré votre image de vous-même, vous revenez à votre relation première avec la ferme intention de la rendre plus harmonieuse et de rester dorénavant fidèle. Mais, plus probablement, le fait d'avoir trouvé ailleurs le soutien, l'assurance dont vous aviez besoin accroîtra encore votre insatisfaction dans votre foyer. Une liaison qui vous donne ce dont vous manquiez sur le plan émotionnel ou intellectuel peut vous rendre la vie de couple plus supportable, mais, là encore, le problème de fond ne sera pas traité et risquera même d'empirer. Lorsque l'aventure extra-conjugale s'achèvera, il deviendra tout à fait insupportable.

En toute clarté

Le secret est à lui seul dommageable. Le fait de mentir et de faire attention à toutes vos paroles pour ne pas vous trahir affaibliront de toute façon vos liens avec votre femme ou votre mari. Quant à la tierce personne, elle connaît la situation, et cela peut lui donner plus de poids qu'elle n'en a.

Lorsque l'infidélité est connue, avouée ou... découverte, la crise éclate dans le couple. Si votre nouvelle liaison devait surtout vous faciliter une rupture, c'est le moment ou jamais pour que cette cassure se produise. Mais peut-être que vous vouliez tout sauf rompre avec votre conjoint. Or celui-ci ou celle-ci, que votre liaison ait eu ou non de l'importance pour vous, ne peut que se sentir trahi, humilié, inquiet et éprouver de la colère. Vous devenez un étranger, un objet de méfiance, et toute votre relation est remise en question. Une aventure occasionnelle peut être dans bien des cas pardonnée et oubliée. Encore qu'il faille nuancer selon le sexe : dans l'ensemble, les hommes acceptent plus difficilement l'infidélité de leur femme et sont plus enclins à rompre. Plus la relation est importante pour vous, sur le plan sexuel ou affectif, plus grave sera la crise.

Avouer ou non, voilà une question difficile à trancher. Si pour l'un et l'autre la franchise est hautement valorisée, alors l'aveu est sans doute la meilleure solution. Les chances de reconstruire la relation dépendront ensuite de plusieurs facteurs : la liaison a-t-elle vraiment pris fin, le conjoint infidèle s'engage-t-il à tout faire pour que la relation se rétablisse et celui ou celle qui a été trahi estime-t-il que le jeu en vaut la chandelle ? Il arrive aussi que l'aveu ne soit pas guidé par un souci d'honnêteté. Si l'on dit la vérité pour faire mal, pour plastronner ou pour ne pas porter seul le poids de la faute, alors cet aveu fera plus de mal que de bien. Se confesser pour son seul confort personnel, sans intention réelle de s'amender, ne crée que souffrance et confusion.

La marque de la trahison
Le seul fait de soupçonner votre partenaire d'une aventure peut vous donner l'impression que vous avez perdu celui ou celle que vous connaissiez et aimiez.

Regarder la vérité en face

Dès lors que votre conjoint sera au courant de votre infidélité, la survie de votre relation sera toujours remise en question. Si vous vous aimez encore, si vous attachez du prix à votre vie commune, cette survie sera possible. Vous n'en serez pas certain au temps fort de la crise, mais vous pouvez au moins voir comment la situation évolue après l'orage. En tout cas, la relation sera différente à l'avenir. Pour les psychologues, la découverte d'une infidélité représente une sorte de deuil : l'ancienne relation est vécue comme une disparition, et, même si elle renaît plus fort qu'avant, cette expérience doit être considérée comme un nouveau départ.

Certains couples classent l'événement sans plus jamais y penser ni en faire allusion. Mais, sur le long terme, cet oubli volontaire vécu comme un silence tacite n'est pas satisfaisant. Les blessures mal soignées ne cicatriseront pas, et les questions restées sans réponse demeureront obsessionnelles. Certes, la relation peut durer encore et encore mais sans apporter de bonheur véritable.

Selon les psychologues, voir la vérité en face, si douloureux que cela puisse être, a davantage de chance de conduire à une cicatrisation. Cette lucidité suppose toutefois que le couple débatte du problème en essayant d'approfondir la compréhension et non de chercher à blesser ou à blâmer. Que le partenaire infidèle soit capable d'identifier ce qui a motivé sa conduite permettra de traiter les problèmes de fond qui sommeillent dans le couple. Chacun doit reconnaître que la responsabilité de ce qui est arrivé est en fait partagée. Celui qui a trahi n'est pas nécessairement plus fautif que l'autre.

Si votre conjoint a eu une aventure, vous désirerez probablement tout savoir du ou de la rivale, même si vous en souffrez. La vérité, dans le cas où l'autre

vous donne des réponses aussi complètes que sincères, vous aidera à surmonter l'incident. Si c'est vous l'infidèle, sans doute préféreriez-vous vous taire, mais, dès lors que les choses viennent au grand jour, vous devez respecter le droit de savoir de votre conjoint, qui est on ne peut plus légitime. Vous serez plus crédible lorsque vous soutiendrez que « cela » ne se reproduira plus si vous vous exprimez clairement sur la nature de votre conduite et de vos sentiments d'alors.

Comment reconstruire ?

Pour reconstruire une relation solide et heureuse, il vous faut tirer les leçons de ce qui est advenu, comprendre ce qui n'allait pas dans votre couple, de façon à y remédier ensemble.

Ce que l'infidélité découverte mine dans le couple, c'est le manque de confiance qui s'ensuit. Si l'on vous a trompé une fois, il est bien difficile de croire qu'on ne le fera jamais plus. Cette tranquille certitude que l'autre ne fera jamais rien qui vous fasse mal ou vous déçoive risque de disparaître à tout jamais.

Voir plus loin

Quand on découvre l'infidélité, c'est la catastrophe... Mais, si le couple est solidement lié, il peut passer outre l'orage et se mettre à reconstruire un avenir plein d'espoir.

Certains couples qui ont connu de telles crises et vivent de nouveau en harmonie pensent que cette confiance quelque peu émoussée laisse place à une autre sorte d'assurance. D'aucuns, qui ont été ébranlés par l'expérience de l'adultère, ont été confrontés un jour ou l'autre à la perspective d'une séparation. Vous pouvez prétendre qu'une telle épreuve n'arrivera plus, non parce que vous vous croyez capable de fidélité, mais parce que vous avez consciemment pris la décision de ne plus mettre en danger ce qui vous unit. Quand vous aurez admis que, pour embellir votre vie commune, vous devez tous deux œuvrer ensemble pour la même cause, alors vous pourrez dire que l'un ne fera plus jamais souffrir l'autre.

VAINCRE LA JALOUSIE

La jalousie est un sentiment tout à fait naturel. Au début d'une relation amoureuse, elle est fréquemment présente, enfouie en chacun de nous : vous êtes ébloui par la perfection de l'être aimé et avez du mal à croire à votre chance. Tout le monde doit être de votre avis et vous pensez que cet être est si merveilleux que vous n'en êtes pas digne. La jalousie est également une réaction normale lorsque celui ou celle que vous aimez semble attiré par quelqu'un d'autre, flirte à l'évidence, voire a une liaison ou éprouve une affection qui a tendance à vous exclure.

Ce sentiment devient en revanche néfaste quand il se manifeste sans raison. Lorsqu'une personne reste convaincue que l'autre, malgré ses dénégations, a une aventure, ou cherche l'aventure, va incessamment commettre une infidélité, alors il ne s'agit plus d'une réaction naturelle mais d'un trait de personnalité extrêmement destructeur.

Des effets regrettables

Ces jalousies irrationnelles sont souvent dues à une insécurité profonde. Elles sont parfois le fait de personnes qui, dans l'enfance, ont eu le sentiment d'être exclues ou mal aimées ou dont l'amour a en quelque sorte été trahi.

Ainsi en est-il des enfants dont un des parents est mort, ou qui n'ont eu que peu de contact avec l'un d'eux par suite d'un divorce : ils peuvent vivre dans l'idée qu'on ne peut pas compter sur la présence constante de ceux que l'on aime et faire preuve d'une jalousie irraisonnée.

Que l'on se montre jaloux à votre égard est tout d'abord flatteur, car on se sent désiré, aimé. Mais si la jalousie s'installe sans motif, elle est vécue comme une maladie de possession exclusive. Les jaloux ont un besoin dévorant de savoir à toute heure ce que fait l'autre. Ils réagissent exagérément à tout intérêt

Un amour brisé

Succomber à la puissance de la jalousie peut créer des failles profondes dans la relation la plus solide.

manifesté envers quelqu'un d'autre qu'eux, à tout signe d'attention que d'autres lui porteraient. Ils épient tous vos faits et gestes, multiplient les scènes ou vous punissent par des accès de froideur, allant jusqu'à repousser toute approche sexuelle.

La prophétie du jaloux se réalise, car la vie devenant un enfer l'un des partenaires finira par donner – par jeu, par provocation ou par lassitude – de vraies raisons à l'autre d'être jaloux.

Vaincre sa jalousie

La première chose est de comprendre que la jalousie vient d'un manque d'estime de soi, de la peur de n'être pas digne d'amour ou d'une conviction globale que l'amour n'est pas fiable.

Il est important de freiner le comportement jaloux. Lorsque le manque de confiance, les accès de colère ou de froideur ont commencé à marquer une relation, agir d'une façon plus confiante, même sans trop y croire, inverse le processus de sape.

En agissant ainsi, l'objet de votre jalousie sera davantage porté à tenir compte de vos sentiments. Il est bon de faire l'effort, en dehors d'une période de jalousie aiguë, de dire tout ce qui peut expliquer votre comportement, de montrer votre vulnérabilité. Cela aidera l'autre à se montrer plus compréhensif, plus attentif à vos craintes. Tout ce que par ailleurs vous pourrez faire pour améliorer votre confiance en vous, votre amour-propre, sera de nature à tempérer vos humeurs jalouses. Consulter un psychothérapeute peut vous apporter une aide précieuse et vous mettre sur la bonne voie.

Si c'est la personne que vous aimez qui est jalouse, il faut vous efforcer de lui redonner confiance en elle. Ne pensez pas que votre amour pour elle va de soi et qu'il n'est nul besoin de le manifester par vos paroles, par vos gestes. Surveillez votre façon de vous comporter afin de ne pas, même involontairement, la blesser. Avoir quelques attentions, par exemple, appeler au téléphone quand vous l'avez promis, ne pas la délaisser au cours d'une soirée, tout cela peut l'aider à dissiper ses craintes.

Mais ne cédez pas à des exigences déraisonnables, car, à long terme, ce serait inutile et néfaste, d'autant plus que, finalement, c'est la personne qui est atteinte d'une jalousie maladive qui doit en chercher les raisons profondes et en assumer la responsabilité, et non l'inverse.

DES RELATIONS NON EXCLUSIVES

En théorie, dans ce genre de relation , chacun est libre d'avoir d'autres partenaires sexuels. Il y a un engagement réciproque, mais, pour pallier le fait que le temps affadit les rapports sexuels, on trouve hors du couple, dans des aventures fortuites, l'ingrédient qui ferait défaut.

Dans *Open Marriage – A New Life Style for Couples*, les chercheurs George et Nena O'Neill ont étudié seize couples et mis en évidence les facteurs de leur succès. Il fallait que chacun dans le couple soit équilibré, sûr de lui, indépendant, tout comme les partenaires occasionnels qui devaient comprendre qu'ils jouaient un rôle utile.

Une source de conflit

Pour la plupart des gens, cependant, ce type d'arrangement n'est pas satisfaisant à long terme. Dans *Marriage, Love, Sex and Divorce*, Jonathan Gathorne-Hardy interroge Jeanne et Philippe sur leur union non exclusive. Et le point faible est vite apparu : au cours de la première année, quand l'un avait une aventure, l'autre se croyait contraint de l'imiter. Ce genre de compétition peut avoir des effets fâcheux, surtout si l'un des deux est sexuellement plus actif que l'autre.

Jeanne dit : « Chez Philippe, c'est la libido. Il a de grands besoins. Chez moi, ça dure plus longtemps, et maintenant j'en aime décidément deux. » Pour bien des couples, c'est ainsi que les choses deviennent difficiles. Lorsque chacun est heureux, en bonne santé, équilibré, prospère, il est aisé d'admettre le rival. Toutefois, lorsqu'un seul des deux traverse une mauvaise passe, la non-exclusivité peut exacerber les difficultés et mettre le couple en péril.

Des risques certains

Le sida, véritable fléau de notre société contemporaine, affecte évidemment les relations libre-échangistes. Une trop grande liberté sexuelle accroît les risques. Aussi faut-il être très prudent avant de s'embarquer dans une histoire amoureuse avec quelqu'un qui change fréquemment de partenaire. Il faut se demander, d'une part, si le jeu en vaut la chandelle et, d'autre part, si le véritable amour que l'on vit par ailleurs y résistera...

LES ATOUTS MAÎTRES

N'AVEZ-VOUS PAS L'IMPRESSION que le nombre de divorces autour de vous augmente de façon alarmante ? Il semblerait que l'amour qui dure toute une vie soit devenu un rêve quasi inaccessible. Certes, vous connaissez aussi des couples qui se sont unis depuis très longtemps et qui ont tout à fait l'air de s'aimer encore, qui vivent toujours ensemble non par habitude ou par crainte de la solitude mais par choix, plaisir et sincérité.

Quel est donc le secret de ces couples qui tiennent bon ? Peut-être pensez-vous que c'est une question de chance, qui leur a fait rencontrer l'âme sœur, ou qu'ils sont jalousement détenteurs de quelque philtre d'amour. Il n'y a pourtant là aucune magie et chacun peut apprendre comment construire une relation agréable et durable.

Les causes d'échec

Les psychologues qui interviennent auprès de couples en crise ou dont la relation est menacée sont assez d'accord sur les causes principales des ruptures. Des difficultés comme la baisse des désirs sexuels, les problèmes d'argent ou ceux touchant l'éducation des enfants sont réelles, mais ce sont plus des symptômes que les causes profondes. Celles-ci sont essentiellement, d'une part, un manque de communication et, d'autre part, le refus du changement, l'inaptitude à s'adapter au fait que les désirs, les besoins de l'autre puissent évoluer au fil du temps.

Communication et souplesse

Savoir quelles sont les causes fondamentales qui peuvent causer la mort d'une relation donne immédiatement une indication précieuse sur ce qu'exige une

SAVOIR ACCEPTER LA CRITIQUE

Il est toujours difficile d'adresser des critiques en escomptant des résultats positifs, mais dans une relation amoureuse l'opération se révèle particulièrement délicate, car toute critique est souvent perçue comme une attaque et l'on se met immédiatement sur la défensive. Il arrive aussi que, de crainte de blesser l'autre, on ne parvienne pas toujours à formuler clairement ses reproches.

Pour qu'une relation reste stable, il est nécessaire de savoir manier les critiques – en adresser comme en recevoir. Lorsque vous estimez nécessaire de faire un reproche, veillez à bien viser l'action qui, à vos yeux, est répréhensible, et non la personne. Si l'autre a tendance à éteindre la télévision sans vous consulter, ne lui adressez pas vos reproches devant des tiers car vous créeriez un antagonisme. Et, si vous voulez qu'il ou elle tienne compte de vos remarques, rendez-les sinon plaisantes du moins digestes.

Construire une relation

Voici les fondations sur lesquelles construire une relation durable : une compréhension mutuelle, une vraie communication et la volonté de s'adapter au changement.

bonne entente pour que cette dernière perdure : les mots clés sont communication et souplesse. Vous ne surestimerez jamais assez l'importance du dialogue. Se parler, c'est alimenter l'intérêt qu'on porte à l'autre, c'est éviter les malentendus, c'est être capable de traiter les problèmes avant qu'ils ne deviennent insolubles. Se parler ne coûte rien, peut se faire n'importe où et n'importe quand. Et, pourtant, nous l'évitons souvent comme la peste. Il est tellement plus tentant de changer de sujet, de sortir de la pièce ou de sup-

Nous acceptons tous mieux les critiques, et modifions nos comportements en conséquence, lorsque celles-ci nous sont présentées entre deux considérations positives :

1. Commencez par dire quelque chose de positif, du genre : « J'aime beaucoup passer une soirée au calme avec toi à regarder la télé. » Cela évitera que l'autre ne se mette sur la défensive.
2. Venez-en à ce qui vous déplaît : « Mais je trouve frustrant que tu changes de chaîne sans me demander mon avis. J'ai le sentiment de ne pas compter. »
3. Ajoutez tout de suite une note positive : « Si nous nous concertions sur ce que nous avons envie de voir, notre soirée télé n'en serait que plus agréable. »

Lorsque c'est vous qui êtes l'objet de reproches, ne le prenez pas comme une attaque personnelle, mais plutôt comme l'occasion d'un progrès dans votre relation. Face à une critique, efforcez-vous d'écouter sans vous lancer dans des justifications. Si vous savez l'un et l'autre critiquer et être critiqué, votre relation n'en sera que plus profonde et solide.

poser que vous savez parfaitement ce que l'autre pense sans avoir besoin de le lui demander ! Mais parler est essentiel dans la vie d'un couple : partager pensées et sentiments, doutes et craintes, espoirs et rêves, voilà ce que maintiendra vivante votre relation (voir aussi « Savez-vous communiquer ? », pages 78 à 81, et « L'art de la négociation », pages 100 à 103).

La souplesse est tout aussi importante. Vous comporter de façon rigide, faire montre d'intransigeance ou exercer sur votre conjoint une autorité excessive seront des obstacles à la bonne entente de votre couple, tandis qu'avoir l'esprit ouvert et garder une attitude souple vous permettront d'accepter et de bien vivre les changements qui affectent l'autre, vous-même, et votre relation. Souvenez-vous donc du temps où vous étiez enfant : êtes-vous vraiment la même personne qui porterait simplement des chaussures d'une autre pointure ? Bien sûr que non. Chacun évolue toute sa vie durant.

Rester en contact
Il ne faut pas craindre de maintenir un contact physique, de montrer sa tendresse par des gestes affectueux.

Changer en mieux

Le processus de transformation – que ce soit durant la croissance ou la maturité – est sans fin, et il faut vous accommoder des changements qui interviennent chez votre conjoint et, par voie de conséquence, dans votre relation, tout comme à ceux qui se manisfestent en vous. Imaginer que l'autre restera exactement la même personne qu'au jour de votre première rencontre est irréaliste. Une relation saine se développe et évolue naturellement au fur et à mesure que l'un et l'autre changent avec les années, et ces transformations peuvent être la source de grandes satisfactions, d'une intimité accrue plus qu'une menace pour votre amour ou le signe que vous ne convenez plus l'un à l'autre.

Un des dosages les plus délicats à effectuer est celui qu'il faut maintenir entre la vie de couple et la vie personnelle de chacun. Il n'y a pas dans ce domaine de règles infaillibles : ce qui réussit aux uns peut ne pas réussir à d'autres. Bien des couples ont trouvé que, dans les premiers temps de leur relation, la vie de chacun était si étroitement imbriquée dans celle de l'autre qu'ils finissaient par souffrir d'une excessive dépendance mutuelle. Il n'y a aucun mal à être le meilleur ami de l'autre, son soutien le plus efficace, c'est même là l'un des plaisirs d'une relation heureuse. Mais, si vous êtes l'un pour l'autre l'unique point d'appui, la pression exercée risque d'être lourde et, finalement, d'appauvrir peu à peu votre relation.

Quelle que soit la nature de vos liens, maintenez sans cesse une marge de temps et d'espace pour vous-même et vos besoins. Conserver à la fois vos propres amis et vos centres d'intérêt construira votre identité et, par ailleurs, bénéficiera également au couple. Cette indépendance vous aidera à garder le sens des proportions devant les petites dissensions et, en outre, nourrira votre personnalité et vous fournira des éléments de partage à offrir à l'autre – si vous passez chaque instant ensemble, vous n'aurez bientôt plus rien à vous dire ! Vous n'en apprécierez que davantage tous les moments pleinement vécus à deux.

Les lois de la nature

S'il est tout à fait normal que le désir sexuel connaisse des hauts et des bas et que la fréquence des relations dans ce domaine varie, il est très important de maintenir une tendresse de chaque instant. Aussi, manifestez souvent et ouvertement votre amour par des caresses, des soins attentifs : un massage apaisant après une dure journée, une gentille friction sous la douche, une main caressante dans les cheveux, une étreinte affectueuse dans la soirée. Prenez le temps de vous dire bonsoir en vous embrassant tendrement, plutôt que de simplement tendre la joue pour un baiser hâtif et inattentif.

LA CHARTE DES BONNES RELATIONS

S'il n'y a pas de formule magique qui garantisse le succès d'une relation, on connaît néanmoins un certain nombre de principes dont le respect bénéficiera à l'un et l'autre membre du couple et assurera la solidité d'une entente durable.

Se parler

La parole est le ciment de toute relation. Elle vous permet de tirer le plus grand bénéfice des moments passés ensemble, vous évite bien des malentendus, des désaccords, des mauvaises passes. Elle empêche les problèmes de prendre des proportions inattendues, fait disparaître les ressentiments avant qu'ils ne minent votre entente. Pour tous les couples, se parler doit être une règle d'or.

S'écouter

Écouter ne signifie pas hocher gentiment la tête et dire « oui, chéri ». C'est s'intéresser vraiment à ce que l'autre a à dire, lui donner la possibilité de s'exprimer sans l'interrompre et, même, pour être sûr d'avoir bien compris, reformuler avec vos propres mots ce qu'on a entendu.

Faire preuve de respect

Votre conjoint a droit à la même attention que celle que vous témoignez à l'un quelconque de vos amis proches. La familiarité n'implique pas un manque de respect mutuel. Montrer du respect signifie aussi ne pas avoir d'attitudes désobligeantes, humiliantes en public ; c'est prendre le temps d'écouter l'autre et lui reconnaître le droit d'avoir des opinions différentes des vôtres.

Dispenser éloges et réconfort

Lorsque vous avez quelque chose d'aimable à dire, ne vous retenez pas ! Ne craignez pas que vos éloges ne le ou la « gâtent ». Dans un couple, chacun est le fan de l'autre ! Vous n'allez pas vous encenser réciproquement sans cesse mais vous prouver tout le bien que vous pensez l'un de l'autre, particulièrement lorsque vous estimez que ce réconfort viendra à point. Faites savoir que vous êtes là par choix et non par la force de l'habitude. Lorsqu'une attention particulière vous a été portée, sachez montrer votre plaisir.

Se montrer loyal

Ne critiquez jamais l'autre en public et ne vous désolidarisez pas de lui. Cela ne veut pas dire que vous devez toujours être d'accord, mais que vous ne devez pas le désavouer ou le ridiculiser. Lorsque vous partagez le même point de vue, apportez de l'eau à son moulin et, si quelqu'un porte atteinte à la personne de votre conjoint – sa personne, non ses opinions – soyez fermement à ses côtés.

Faire preuve d'adaptabilité

Vous devez l'un et l'autre être capables de vous adapter, à la fois à vos évolutions réciproques et aux circonstances. Il vous faut aussi admettre que vous n'envisagez pas nécessairement toutes les choses de la même façon, qu'il s'agisse des menus faits de la vie quotidienne ou de domaines plus fondamentaux. Si votre ami prépare les haricots verts sur un mode qui n'est pas le vôtre, et s'ils sont bons ainsi, pourquoi les lui faire cuisiner à votre façon ? Telle ou telle chose peut être accomplie de différentes manières, qui peuvent se valoir. Tâchez de vous en réjouir plutôt que de vous en irriter.

L'ART DE LA NÉGOCIATION

Il est rare qu'il n'y ait jamais dans un couple de conflit d'intérêt, de moment où l'un veut une chose et l'autre une autre avec une égale intransigeance. La façon dont vous allez traiter ces différends peut avoir d'heureuses ou fâcheuses conséquences : ne pas être entendu ou ne pas entendre l'autre sont également dangereux. Votre bonheur conjugal peut être sérieusement mis en danger si la communication se rompt entre vous.

Trouver un compromis

Lorsque vous vous trouvez dans une telle impasse, le mieux est de chercher un compromis acceptable par tous les deux. Dans certains cas, la solution est relativement aisée.

Lorsque Paul et Marie ont gagné une forte somme d'argent à la loterie, leur explosion de joie s'est vite ensuivie d'une belle dispute sur l'emploi qu'il convenait d'en faire. Marie, soucieuse de confort et sécurité matérielle, envisageait une série de travaux dans leur cuisine et leur salle de bains, tandis que Paul, de son côté, voyait dans cette manne l'occasion inespérée de réaliser le rêve de sa vie : faire le tour du monde. Il trouvait le projet de Marie prosaïque et terre à terre et ne voulait pas renoncer à cette chance unique de faire un voyage aussi exceptionnel.

Une issue apparut lorsqu'ils prirent le temps d'examiner ensemble les deux points de vue. Paul comprit que le besoin de confort de Marie venait de ce qu'elle avait vécu dans son enfance, et Marie reconnut que la fantaisie de Paul était un des traits de son caractère qui l'avait d'abord attirée. Ils trouvèrent bientôt un compromis : ils emploieraient une partie de la somme pour les travaux d'aménagement de leur maison et le reste leur permettrait de passer des vacances prolongées qui les conduiraient dans des pays que tous deux voulaient depuis longtemps visiter.

Tirer sur la corde

Les couples se retrouvent parfois tirant chacun sur une extrémité de la corde au moment où il faut prendre une décision. Certes, les disputes sont inévitables, mais il y a toujours moyen de réduire l'ampleur des antagonismes.

Un voyage ou la machine à laver?
La solution est souvent dans le compromis, c'est-à-dire une solution où chacun cède en partie à l'autre, mais en partie seulement.

Valérie et François se querellaient chaque week-end. François, dont la famille était très unie, déjeunait chez ses parents tous les dimanches midi. Valérie le comprenait mal : les membres de sa propre famille ne se rencontraient quasiment jamais et, bien qu'elle accompagnât François à ces déjeuners, elle estimait qu'ils réduisaient par trop leur peu de temps libre. Au lieu de continuer semaine après semaine à argumenter, ils décidèrent d'accorder un dimanche sur deux à la famille de François et de passer dans l'intimité l'autre week-end.

Malheureusement, toutes les situations ne se prêtent pas aussi facilement au compromis, et l'intransigeance peut être très forte de part et d'autre. Trois voies de recherche d'une solution se présentent alors : la première serait de dresser la liste des coûts et des avantages de chaque hypothèse ; la deuxième consisterait à échanger les rôles et à se faire l'avocat de la partie adverse ; la dernière, enfin, serait de recourir à l'arbitrage d'un tiers.

Lister les coûts et les avantages

Mettre par écrit toutes les conséquences des options en présence éclaire parfois suffisamment le choix à faire. Lorsque Nicolas se vit proposer un bien meilleur emploi dans une très grande ville, sa femme Line lui demanda de refuser. Elle voulait rester là où ils vivaient, où elle avait grandi, où elle travaillait et où résidaient sa famille et ses amis. Nicolas, n'étant pas tenu par des liens identiques, optait résolument pour le départ, certain que tous les deux gagneraient au changement proposé. Pour sortir de l'impasse, Line et Nicolas couchèrent par écrit à tour de rôle les avantages qu'il y aurait à partir et ceux qu'il y aurait

à rester sur place. Cet exercice leur permit, loin de l'atmosphère surchargée de leurs discussions, de mieux peser le pour et le contre. Nicolas examina sans passion toutes les raisons avancées par Line et s'y rendit, décidé à refuser le nouvel emploi mais à chercher un nouveau poste dans leur environnement actuel.

Echanger les rôles

Une autre méthode fructueuse, souvent recommandée par les conseillers conjugaux, est de faire jouer à chaque partie le rôle de la partie adverse. Non seulement cela permet de mieux comprendre le point de vue de l'autre, mais cela donne à chacun l'assurance qu'il a été bien compris.

Gérard et Colette ne pouvaient pas, comme bien d'autres couples, planifier leurs vacances d'été sans désaccord. Lorsqu'ils étaient encore tous deux célibataires, Gérard était si pris par son travail qu'il ne prenait jamais de vacances et Colette, elle, partait seule ou avec des amis. Une fois mariée, Colette espérait que les choses allaient changer, tandis que Gérard ne voyait aucune objection à continuer comme avant. Étudier le point de vue adverse assez attentivement pour pouvoir le défendre fut pour l'un et l'autre une révélation. Gérard n'avait pas perçu à quel point Colette était blessée, se sentait rejetée par son refus de passer quelques jours de vacances avec elle, ce qui lui semblait essentiel dans sa vie de couple. Quant à Colette, elle n'avait jamais bien mesuré la pression que Gérard subissait dans son travail ni sa crainte de se voir un jour licencié. Ces malentendus tirés au clair, chacun se sentit mieux compris et prêt à quelque concession. Ils prirent ensemble un bref temps de vacances très reposant et, après le départ de Gérard, Colette prolongea sans lui un séjour... plus agité.

L'arbitrage d'un tiers

Lorsque le couple ne parvient pas à un accord, avoir recours à un conseiller conjugal peut apporter la réponse. Non que cette tierce personne prendra la décision à votre place, mais elle vous aidera à clarifier vos sentiments, à mieux communiquer entre vous. Votre médecin de famille devrait pouvoir vous recommander quelques-uns de ces spécialistes, qui soit travaillent individuellement, soit exercent au sein d'un centre ou d'une association.

Ainsi en était-il de Jacques qui, en rentrant chez lui à la fin de sa journée de travail, se laissait volontiers tomber devant la télévision, tandis que sa femme Catherine, qui avait passé toute sa journée chez elle à s'occuper de leurs deux petits enfants, avait besoin de parler enfin avec un adulte. Plus Catherine s'irritait de l'attitude de son mari, plus celui-ci devenait taciturne et silencieux, chacun étant lassé des exigences et de l'égoïsme de l'autre.

Au cours des rencontres avec le conseiller conjugal, ils se parlèrent sans se jeter à la face ni insultes ni accusations. Ils parvinrent, grâce à cette aide, à mieux se comprendre et à accepter tous les différends qui, jusqu'alors, les séparaient et risquaient de placer leur couple sur un point de non-retour.

Des destinations différentes ?
Même une perspective plaisante, le lieu des vacances par exemple, peut être le point de départ d'un désaccord. Il est important que chacun comprenne les besoins de l'autre pour qu'une solution satisfaisante pour les deux apparaisse enfin.

L'ART DE DONNER ET DE RECEVOIR

Êtes-vous entêté et toujours décidé à n'en faire qu'à votre tête ? Ou est-ce toujours vous qui cédez le premier et obéissez aux vœux de l'autre ? Ou encore essayez-vous d'abord d'obtenir ce que vous désirez tout en restant prêt à trouver un compromis si nécessaire. Être capable de donner et de recevoir est essentiel dans une relation, mais bien des gens trouvent difficile d'exprimer clairement ce qu'ils veulent ou, au contraire, font ce qu'ils veulent sans tenir aucun compte des sentiments et des besoins de leur partenaire.

Dans son ouvrage *The Relate Guide to Starting Again*, Sarah Litvinoff propose un exercice qui aide à repérer votre façon de faire habituelle et à apporter quelques correctifs si besoin est.

Reportez-vous à votre enfance. Vous vous trouvez entouré de copains et l'on présente à chacun un assortiment de gâteaux. On commence par vous. Il n'y a qu'un seul gâteau au chocolat et vous aimeriez bien le prendre. Que feriez-vous ?

- Diriez-vous : « Je vous en prie, faites d'abord choisir les autres », même si cela vous ennuie ? Dans ce cas, on vous a peut-être appris à faire passer autrui avant vous. Adulte, être aimé est plus important pour vous qu'obtenir ce que vous désirez. Cela peut vous rendre malheureux dans vos relations amoureuses, parce que vous comptez que l'autre devinera ce que vous voulez.
- Diriez-vous : « Je vais prendre le biscuit sec », et le mangerez-vous sans plaisir ? Dans ce cas, vous êtes un martyr. Vous comptez sur les autres pour noter vos désirs, les anticiper sans que vous-même vous puissiez les exprimer clairement – et, s'ils ne le font pas, vous en êtes chagriné.
- Auriez-vous saisi le gâteau au chocolat et l'auriez-vous mangé à toute vitesse avant que quiconque ait remarqué qu'il n'y en avait qu'un ? Dans ce cas, vous estimez que chacun ressent la même chose que vous et a les mêmes désirs. Adulte, vous êtes irrité par les besoins des autres car vous pensez que, s'ils sont satisfaits, les vôtres ne le seront pas. Vous ne prêterez pas attention aux signaux lancés par une personne qui ne demande pas directement ce qu'elle veut.

Des schémas de comportement
En cherchant quel aurait été votre comportement dans une situation enfantine, aussi anodine que le choix d'un gâteau, vous pouvez voir comment ces schémas anciens affectent votre comportement d'adulte.

- Diriez-vous : « Je voudrais le gâteau au chocolat mais, si quelqu'un d'autre le veut, j'en prendrai un la prochaine fois... » ? Cela montrerait que vous êtes capable de l'abandonner à quelqu'un d'autre, en vous assurant que ce sera ensuite votre tour. Vous aurez compris que les autres ont des désirs aussi forts que les vôtres et que vous êtes prêt à leur donner priorité pour maintenir de bonnes relations.

Cette dernière attitude est la plus sage. Si vous êtes capable d'accéder aux demandes d'autrui en ne sacrifiant pas vos propres exigences, alors vous avez l'art de donner et de recevoir.

GÉRER LE CHANGEMENT

Avec le temps, tout le monde change, en fonction des expériences vécues, du métier qu'on exerce, des relations avec autrui et de l'environnement dans lequel on vit et travaille.

Généralement, ces changements interviennent sur un rythme assez lent qui permet relativement facilement au couple, aux amis et aux membres de la famille de les accepter et de s'y adapter. Mais, lorsqu'ils sont plus brutaux ou plus radicaux, ils peuvent modifier de façon très sensible la structure d'une relation et créer de sérieux problèmes. La naissance d'un premier enfant produit souvent cet effet, de même que la perte de son emploi ou, au contraire, une promotion notable ou un nouveau métier prestigieux. On peut prendre encore d'autres exemples : la mise à la retraite, la maladie et l'incapacité de travailler, le gain ou la perte importante de poids, un deuil...

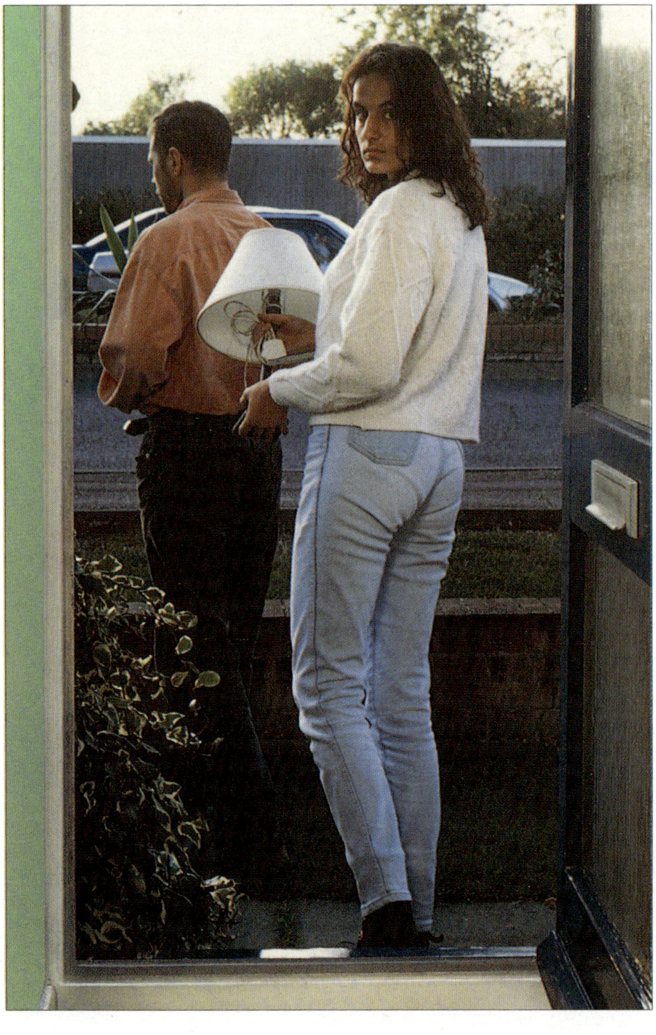

Pourquoi le changement est-il si menaçant ?

Dans l'enfance, le sentiment de notre sécurité tient aux éléments familiers, stables, de notre vie : se lever tous les jours à la même heure, pratiquer un sport le même jour de chaque semaine. Quand, pour une raison quelconque, la routine est rompue, une inquiétude tout à fait disproportionnée naît, ainsi que la crainte que tout notre mode de vie soit menacé.

La vie adulte exige une certaine souplesse : s'il y a une grève des trains, on prend un autobus, si un collègue est malade on pallie son absence en travaillant davantage... La plupart des gens vivent très bien ce genre de situation, mais il arrive que tel ou tel changement rappelle des anxiétés qui remontent à l'enfance et engendre l'angoisse.

Les événements les plus perturbateurs sont ceux qui font de vous une victime passive. Ainsi, si votre conjoint décide d'entreprendre une formation pour exercer un nouveau métier ou améliorer sa qualification, il verra très positivement cette nouveauté. Vous-même, en revanche, pouvez regretter la perte de revenus qu'elle occasionne ou encore craindre d'être dépassé : l'autre va peut-être devenir soit très ambitieux, soit très calé et, finalement, s'ennuyer en votre compagnie.

Si vous avez la certitude que, même s'il part en formation... ou s'occupe à temps plein de son nouveau-né... ou ne pense qu'à son régime amaigrissant..., il vous aime encore, vous trouverez ces nouveautés moins menaçantes. Car ce que chacun craint, ce n'est pas tant le changement lui-même qu'une certaine insécurité que celui-ci peut entraîner. Lorsque, dans la vie d'un proche, survient un changement notable, n'est-il pas à craindre que d'autres bouleversements plus importants s'ensuivent ? Si votre compagnon qui, jusque-là, n'avait aucun penchant pour l'éducation ne sort plus le nez de ses livres, ne va-t-il pas aussi brusquement ne plus vous désirer ? En exprimant ouvertement ses craintes, il est possible de les effacer dans une large mesure.

Déménager...

Un simple changement de domicile peut engendrer de l'appréhension, des craintes pour l'avenir, alors que votre nouveau logement est beaucoup mieux que le précédent.

S'installer...

La peur du changement n'est souvent que la peur de ce que l'on ne connaît pas. Elle disparaît dès que l'on s'habitue au nouvel endroit ou à la nouvelle situation, et l'on découvre alors qu'en fait il y a amélioration.

Si c'est vous, au contraire, qui vivez le changement présent, prenez conscience qu'il peut avoir des effets très perturbateurs autour de vous et qu'il est important que vous rassuriez votre entourage.

Même lorsqu'un changement est positif et excitant, par exemple aller vivre dans un quartier plus agréable, il peut être mal vécu car il comporte une sensation de perte, d'abandon. On peut trouver bizarre, au premier abord, de regretter un minuscule appartement pour emménager dans un pavillon de six pièces, mais ce que l'on regrette en réalité est cette partie de soi et de ce pan de notre vie qui va disparaître à jamais. Vous pouvez aussi avoir peur d'aller dans un nouvel endroit tout simplement par crainte de l'inconnu. Et, même si vous n'aimiez pas votre appartement exigu, vous pouvez regretter le quartier.

Comme les individus sont en constante évolution, leurs relations ne peuvent rester identiques à elles-mêmes, et le changement – soudain ou progressif – peut effrayer. Il y aura toujours des moments où vous ne saurez comment vous comporter avec votre femme, votre mari, ou un ami intime. Mais, comme dans tout problème affectif, si vous surmontez les difficultés liées aux changements, vos relations s'en trouveront consolidées et approfondies.

TOI + MOI = NOUS?

Les conseillers conjugaux parlent souvent de la relation comme d'une entité à part. Il y a «moi», «toi» et il y a «nous». Ce «nous» est plus que la l'addition des deux, il est la somme de ce qu'ils créent ensemble. De même qu'il y a des choses que vous faites pour vous seul, il y en a d'autres que vous faites pour la relation à deux.

Couchez par écrit les façons dont vous et votre conjoint contribuez à la vie de votre relation. Il se peut, par exemple, que vous soyez tous deux très pris par vos activités professionnelles et que, si vous étiez seul, vous y passeriez tout votre temps. Cependant, conscient de votre relation de couple, vous comprenez qu'il vous faut passer du temps à faire des choses ensemble, voir des amis, un film, ou tout simplement parler en tête à tête. Vous faites chacun le sacrifice de quelques heures pour maintenir un bon niveau d'échanges entre vous.

De la même façon, vous pouvez organiser régulièrement des vacances ensemble alors que ni l'un ni l'autre n'aimez tellement les voyages, mais vous réservez ainsi du temps pour être à deux. Recherchez d'autres moyens de considérer de la sorte votre relation comme une entité à part entière qu'il faut nourrir, soigner, pour qu'elle devienne prospère et florissante.

Quand un et un font plus que deux

Une relation gagne à ce que chacun prenne en compte l'entité propre qu'elle constitue.

DES MARGES DE LIBERTÉ

Une relation affective chaleureuse est un des facteurs les plus importants d'une vie saine et réussie. Elle donne à chacun une base solide qui lui permet non seulement de vivre au jour le jour, mais de grandir et de s'épanouir dans tous les domaines, à condition toutefois que chacun laisse aussi à l'autre assez d'espace pour se développer en tant qu'individu. Il faut une marge pour sa carrière et l'exercice de tout autre talent. Vous ne devez pas négliger les activités que l'autre ne pourrait pas ou ne voudrait pas partager avec vous.

Dans une relation saine, chaque membre du couple doit s'octroyer du temps pour lui seul. Les activités annexes de chacun fourniront au moins un sujet de

À chacun son identité

Quel que soit le plaisir que l'on prenne à partager du temps et des activités avec l'autre, il est indispensable de conserver son identité propre en dehors de la relation de couple.

conversation autre que le travail ou les enfants. Si vous partagez absolument tout, hormis l'activité professionnelle, votre épanouissement en tant qu'individu sera compromis et le développement de votre relation le sera par la même occasion.

Monique et Patrick sont si inséparables qu'ils ont délaissé tous leurs anciens amis et leurs anciennes occupations. Ils se sont enfermés dans leur vie de couple et ont adopté un comportement si « insulaire » qu'ils ne peuvent plus faire quoi que ce soit l'un sans l'autre, ni assumer seuls un rôle social quelconque. Leur épanouissement personnel s'en est trouvé bloqué. Ayant fait le vide autour d'eux, ils ne pouvent trouver assistance qu'au sein de leur couple et n'ont plus aucun ami à qui confier leurs soucis et leurs chagrins.

Une question d'équilibre

Le temps passé sans l'autre est aussi important pour une relation amoureuse que le temps partagé. Naturellement, lorsque l'un et l'autre ont trop d'activités séparées, cela risque de distendre les liens. C'est une question d'équilibre. Il est bon de maintenir une place de choix à votre relation de couple. Ainsi, par exemple, si vous appartenez à un club sportif, invitez donc votre compagnon ou votre compagne à

INTERDÉPENDANCE

Une relation saine implique toujours la reconnaissance qu'il y, dans une certaine mesure, aussi bien dépendance de l'un vis-à-vis de l'autre qu'indépendance ; on parle alors d'interdépendance.

Prends appui sur moi
Dans toute relation il y a des moments où l'un doit soutenir l'autre. Mais il est important, pour l'équilibre d'un couple, que les rôles s'intervertissent.

Se soutenir l'un l'autre

Vous aurez grand besoin, parfois, du soutien de l'autre, notamment après avoir perdu un emploi, après la naissance d'un enfant, ou après une crise personnelle qui vous laisse désorienté.

Durant ces moments-là, l'autre doit être pour vous aussi solide qu'un roc, le lieu où vous vous réfugierez quand le monde entier vous semblera hostile et effrayant. À d'autres moments, c'est pour l'autre que la vie deviendra difficile – difficultés professionnelles ou familiales, deuil, maladie ou autre... Et il y aura aussi un temps où vous serez tous deux en mauvaise passe et où votre force vous viendra précisément du fait d'être unis. Vivre ces heures difficiles ensemble peut vous rendre l'un et l'autre plus forts.

Vous serez sans doute à tour de rôle celui qui est fort et soutient l'autre. Après avoir eu vous-même besoin d'un appui, il vous sera extrêmement satisfaisant d'apporter le vôtre. Cette alternance s'effectuera naturellement dans un couple équilibré sans avoir à y penser.

Être attentif

Il est parfois plus difficile à l'un qu'à l'autre de solliciter une aide, surtout si c'est la personne qui a tendance à être celle qui, d'habitude, réconforte. Si tel est le cas dans votre couple, encouragez votre conjoint à partager ce qui lui arrive, le bon comme le mauvais. Car si l'un des deux ne se sent jamais le droit d'être le plus vulnérable, le plus fragile ou, au contraire, si ce n'est jamais son tour d'être fort et réconfortant, il peut s'ensuivre une insatisfaction profonde.

La seule méthode, là encore, qui vous aidera à établir ce précieux équilibre, sera de maintenir la plus étroite communication entre vous...

assister à un tournoi ou à participer à une soirée amicale, et, si celui-ci ou celle-ci a de son côté une activité de loisir que vous ne pratiquez pas, allez-y en curieux de temps en temps.

Lorsque Mélanie a rencontré Georges, devenu son mari, il était passionné de chemin de fer et adorait passer ses week-ends à voir rouler de vieilles locomotives à vapeur amoureusement restaurées. Mélanie ne partageait pas sa passion, mais elle l'accompagnait de temps en temps. Elle fit quelques balades avec lui sur d'anciennes voies ferrées et elle y prit goût, tant et si bien qu'elle partage volontiers aujourd'hui ce passe-temps qui lui permet d'être auprès de son mari.

Des soins jaloux

À l'inverse, Stéphane décourage Michelle, sa femme, de poursuivre les activités qu'elle avait avant leur mariage. Il n'aime pas la voir fréquenter ses anciens amis pas plus qu'il n'accepte qu'elle continue ses cours de danse. Il a peur de tout ce que Michelle peut faire sans lui, alors que lui a gardé tous ses copains et copines. Michelle l'aime beaucoup, mais elle souffre de le voir si possessif. Elle lui en parle et lui fait comprendre que

Ne pas confondre

Que l'autre ait d'autres centres d'intérêt que votre relation de couple ne signifie pas qu'il vous abandonne. D'ailleurs, rien ne vous empêche de partager le plaisir qu'il ou qu'elle y trouve.

ses anciennes amitiés ne constituent en rien une menace pour leur bonheur. Stéphane reconnaît qu'il est très jaloux des activités qu'elle peut avoir hors du foyer parce que sa première femme l'a trompé sous couvert de telles activités.

Découvrant ainsi les raisons de ses craintes, Michelle s'en sentit un peu moins asphyxiée et fit en sorte d'atténuer son appréhension en lui présentant ses amis et en organisant des sorties tous ensemble. Peu à peu, Stéphane se rendit à l'évidence que Michelle ne cachait pas une infidélité et accepta qu'elle eût droit à une vie sociale en dehors de lui. Il cessa de lui interdire toute sortie sans lui. Il était temps car, sans la confiance de son mari, Michelle aurait souffert d'un sentiment de claustrophobie et l'aurait quitté pour quelqu'un de plus tolérant.

Se faire confiance

Ce qui permet à un couple de vivre aussi bien en tant que mari et femme qu'en tant qu'individu est la confiance mutuelle. Ainsi en est-il d'Hélène et de Pierre ; outre les vacances qu'ils passent ensemble, ils prennent toujours séparément quelques jours de congé avec d'anciens copains. On s'en étonne souvent dans leur entourage, mais ils répondent que c'est pour eux l'occasion de retrouver l'insouciance de leur jeunesse, quand à l'époque gagner sa vie et payer ses impôts étaient encore une perspective lointaine.

Si cet arrangement leur donne satisfaction, c'est parce qu'ils sont l'un et l'autre certains, sans même avoir à se le dire, que ces séparations ne sont pas l'occasion d'infidélités, mais seulement celle de retrouver, l'espace de quelques jours, leurs dix-huit ans. Ils rentrent détendus et ravis de se retrouver.

Évoluer ensemble

Il n'y a ni bonne ni mauvaise façon de poursuivre sa croissance, sa maturation au sein de la relation. C'est à chacun de chercher quelles sont les marges de liberté qui sont nécessaires à l'un et à l'autre.

Elles peuvent être différentes pour chacun dans le couple et *a fortiori* différentes d'un couple à l'autre. Mais elles ne sont pas définitives. Elles doivent évoluer avec le temps. Non pas parce que avec les années on prend ses distances vis-à-vis de son couple, mais parce que chacun s'est affermi, a gagné de l'assurance, de l'audace, notamment grâce à l'amour et au soutien de l'autre.

LA LIBERTÉ À DEUX

Dans son livre *Le Chemin le moins fréquenté*, le psychiatre américain Scott Peck soutient que la forme la plus élevée d'union va bien au-delà de l'état amoureux. Pour que deux êtres trouvent l'amour véritable, il leur faut accepter d'être chacun avant tout un individu et de ne pas dépendre l'un de l'autre. Pour Peck, le respect de l'individualité de l'autre est le fondement indispensable de toute relation qui ne soit pas immature.

Donner de l'amour

Scott Peck souligne l'importance de la générosité pour le développement spirituel. Le sens véritable de l'amour est de donner plus que de prendre. Pour lui, c'est une erreur fréquente de croire qu'aimer signifie dépendre de l'autre. Cette dépendance, en fait, annihile l'amour. Elle n'est que du parasitisme. Si vous pensez que l'autre est nécessaire à votre survie, vous n'avez ni choix ni liberté : votre association n'est que de la nécessité. Deux êtres s'aiment lorsqu'ils sont capables de vivre l'un sans l'autre et qu'ils choisissent de vivre ensemble.

Pour avoir le sentiment d'être vraiment uni à la personne que vous aimez, il faut que vous la laissiez, métaphoriquement parlant, s'envoler loin de vous et qu'elle en fasse de même à votre égard. C'est cette liberté qui, paradoxalement, vous lie le plus solidement l'un à l'autre.

Voler en toute liberté
Une relation ne peut s'épanouir que lorsque chacun est libre.

CHAPITRE QUATRE

LES RELATIONS SEXUELLES

LA SEXUALITÉ EST-ELLE importante pour vous ? Auriez-vous souvent voulu en savoir davantage sur le sujet, en parler ouvertement avec votre compagne ou votre compagnon, mais vous être senti embarrassé ? Paradoxalement, à une époque où le sexe est omniprésent dans les films, à la télévision, dans la publicité, la chanson et la presse, beaucoup de gens manquent d'assurance dans ce domaine pourtant essentiel.

Ce chapitre vous aidera à accroître vos connaissances en la matière, à apprendre comment mieux cerner les attitudes et les désirs de l'autre. Il présente la façon différente dont hommes et femmes font l'expérience de la sexualité et explore le sujet délicat des « techniques » sexuelles. Dans ce domaine, on peut craindre qu'un cercle vicieux ne se mette en place : vous éprouvez quelque gêne à aborder ce sujet avec des amis et manquez de certitude quant à votre savoir-faire. Vous avez ensuite peur d'en parler avec votre partenaire étant donné votre peu d'assurance et, ainsi, vous ne découvrez jamais ce qui vous donne du plaisir à l'un et à l'autre.

Dans les premiers temps, un couple affirme volontiers que sa vie sexuelle sera naturelle, spontanée, que l'évolution de la relation s'effectuera sans troubles et que les problèmes qui affectent les autres couples ne l'assailliront pas. En réalité, il faut parler des besoins sexuels aussi aisément que l'on parle finances ou éducation des enfants. Des questionnaires tels que « Quel est votre savoir en la matière ? », « Êtes-vous satisfait sur le plan sexuel ? » ou « Quel est votre style ? » vous permettront de faire le point et d'analyser votre attitude. Répondre chacun de son côté à toutes les questions, puis examiner ensemble les résultats vous aidera tous deux à être plus directs dans l'expression de vos désirs et de vos goûts dans ce domaine.

Si la vie sexuelle de la plupart des gens peut s'améliorer en introduisant quelques changements et en ayant une communication plus libre, il existe néanmoins quelques problèmes, tels que l'éjaculation précoce, le vaginisme ou l'absence d'orgasme, qui nécessitent une approche particulière, voire l'aide d'un sexologue, lequel pourra proposer des traitements simples. Et, si votre vie sexuelle est devenue par trop routinière et sans attrait, les suggestions de la section « Parfums et épices » vous permettront de revigorer cet aspect important de votre relation à deux.

Être capable de parler de vos rapports sexuels vous aidera non seulement sur le plan physique, mais sera bénéfique à tous les autres aspects de votre entente.

LA SATISFACTION SEXUELLE EST CAPITALE POUR LA RÉUSSITE DU COUPLE. CHASSEZ LES INHIBITIONS ET SOUVENEZ-VOUS QUE, DANS CE DOMAINE, SE PARLER EST ESSENTIEL.

QUEL EST VOTRE SAVOIR EN LA MATIÈRE ?

LA PLUPART DES GENS estiment qu'ils savent tout ce qu'ils ont besoin de savoir sur les rapports sexuels alors qu'en fait leurs connaissances sont bien souvent entachées d'erreurs et parasitées par des idées préconçues. Il vaut mieux abandonner les on-dit et s'en tenir aux faits si l'on veut poursuivre une relation sexuelle satisfaisante et adulte. Lisez attentivement les questions qui suivent et cochez, dans chaque groupe, la réponse que vous jugez correcte. Cela fait, reportez-vous aux solutions, pages 139-140 – vous aurez peut-être quelques surprises...

1. À quel âge moyen les jeunes ont-ils leur premier rapport sexuel ?

a. 19 ans **b.** 17 ans **c.** 22 ans

2. Lorsque le pénis d'un homme est turgescent et en érection, est-il important pour lui d'aller jusqu'à l'éjaculation ?

a. Oui, sinon il risque de souffrir. En outre, son érection peut durer ce qui serait extrêmement désagréable.

b. Oui, car, s'il laisse l'érection cesser, il se sentira frustré et éprouvera de la colère envers sa partenaire.

c. Non. Il est parfaitement normal pour un homme d'avoir une érection sans éjaculation. Cela ne cause aucune souffrance physique ni au pénis ni aux testicules.

3. Quel est le premier signe d'excitation sexuelle chez une femme ?

a. Un afflux de sang dans l'épiderme.

b. Le vagin devient humide.

c. La pointe des seins se durcit et se dresse.

4. Combien de fois par semaine, en moyenne, un couple fait- il l'amour ?

a. Trois ou quatre fois.

b. La fréquence varie avec l'ancienneté de la relation.

c. À peu près une fois par semaine.

5. Quelle est la catégorie de personnes qui a le plus tendance à changer fréquemment de partenaire ?

a. Les jeunes hommes.

b. Les hommes d'âge moyen.

c. Les jeunes femmes.

6. Le clitoris reste-t-il visible pendant l'acte sexuel ?

a. Oui, car, tel le pénis de l'homme, il est en érection.

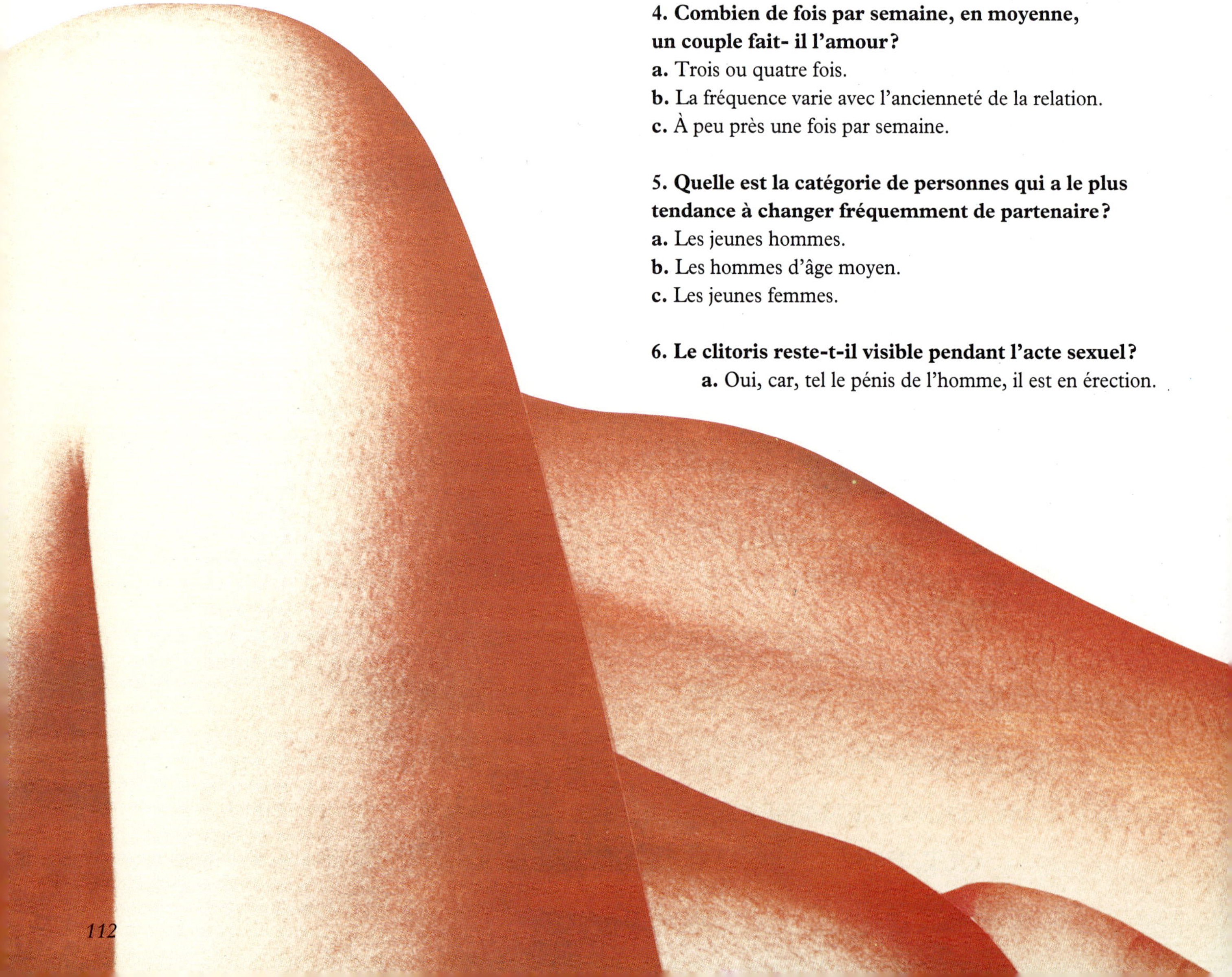

CONNAISSEZ VOS DIFFÉRENCES

Dans l'ensemble, hommes et femmes connaissent mieux la sexualité masculine que féminine, sans doute parce qu'elle est moins complexe et que ses manifestations extérieures sont plus visibles. Des recherches récentes ont cependant permis de mieux comprendre la façon dont le corps des femmes réagit pendant l'acte sexuel. En être informé, savoir en quoi elle diffère de celle des hommes permet au couple de goûter un plus grand plaisir ensemble.

Une des différences principales est la réaction au toucher. Un homme a tendance à apprécier une stimulation directe de l'organe génital tandis qu'une femme répondra d'abord à des caresses sur tout le corps. Lorsqu'elle est pleinement excitée, les parois de son vagin sécrètent un liquide lubrifiant, ce que certains hommes croient, à tort, être le signe qu'elle est prête pour la pénétration. En réalité, la plupart des femmes ont d'abord besoin d'une stimulation du clitoris – leur principal organe de sensation sexuelle. Si celle-ci est trop brève, nombre d'entre elles perdront leur excitation et ne parviendront pas à l'orgasme. Une stimulation adéquate fait naître un besoin pressant d'être pénétrée : le vagin s'élargit, s'allonge, la femme est prête pour l'orgasme. À ce stade, le vagin se contracte de façon rythmée et des ondes de plaisir intense la parcourent.

Contrairement aux hommes, les femmes peuvent connaître plusieurs orgasmes successifs, en marquant toutefois le plus souvent un léger temps de repos car le clitoris peut être trop sensible même pour une légère caresse. En règle générale, la femme répond à des stimuli différents de ceux des hommes et elle a davantage besoin d'intimité et d'affection. Ce qui est certain, c'est qu'une femme qui est détendue auprès de son partenaire a plus de chance de connaître l'orgasme.

Le schéma du plaisir
La réponse sexuelle d'une femme est plus lente que celle d'un homme, mais elle dure plus longtemps.

b. Non, il se voit uniquement quand la femme commence à être excitée, puis il se rétracte sous un pli de peau en haut des lèvres du vagin.
c. Non. Il est trop petit pour qu'on le voie.

7. Les femmes préfèrent-elles les pénis de grande taille ?
a. Oui, parce qu'un grand pénis excite plus efficacement le vagin.
b. Non, car les parois du vagin sont élastiques et peuvent donc être excitées par un pénis de n'importe quelle taille.

8. Une femme peut-elle être pleinement satisfaite si elle n'a pas d'orgasme ?
a. Non. L'orgasme est un élément fondamental de la satisfaction sexuelle.
b. Oui. Beaucoup de femmes éprouvent du plaisir et sont satisfaites sexuellement même sans orgasme.

9. Les hommes homosexuels ont-ils toujours des rapports anaux lorsqu'ils font l'amour ?
a. Oui. Les homosexuels doivent pratiquer ainsi pour parvenir à l'éjaculation.
b. Non. Les rapports anaux ne sont qu'une des nombreuses pratiques des homosexuels.

10. Pour s'empêcher d'éjaculer trop vite, un homme doit-il se concentrer sur un sujet quelconque, une partie de tennis ou une liste de tâches à effectuer ?
a. Non. En fait, cela ne peut que provoquer une anxiété et conduire à une éjaculation précoce.
b. Oui, ce procédé peut souvent être très efficace.

ÊTES-VOUS SATISFAIT SUR LE PLAN SEXUEL ?

Ce questionnaire peut vous aider à déterminer le degré de votre satisfaction sur le plan sexuel. Choisissez les réponses qui correspondent le mieux à vos relations actuelles ou à celles que vous aviez établies au cours de relations antérieures.

1. À quelle fréquence faites-vous l'amour ?
a. Assez fréquemment pour satisfaire mes besoins.
b. Plutôt trop souvent ou pas tout à fait assez.
c. Vraiment pas assez souvent ou beaucoup trop.

2. Où faites-vous l'amour ?
a. Partout où nous sommes confortablement installés.
b. En général, là où l'autre le suggère, mais il m'arrive d'exprimer une autre préférence.
c. Partout où le veut l'autre, mais je suis souvent mal à l'aise.

3. Quand faites-vous l'amour ?
a. N'importe quand si nous en avons envie.
b. Généralement, quand l'autre en a envie, mais de temps en temps quand moi je le désire.
c. Quand l'autre le veut.

4. Qui prend l'initiative ?
a. L'un ou l'autre, c'est selon la situation.
b. C'est en général la même personne, mais l'autre est presque toujours d'accord.
c. C'est toujours la même personne.

5. Éprouvez-vous une gêne quand se profilent les rapports sexuels ?
a. Non, j'aime bien la façon dont cela se passe.
b. Notre schéma habituel fonctionne bien, mais j'aimerais parfois en changer.
c. J'éprouve toujours de la frustration et du mécontentement, soit parce que je dois toujours faire le premier geste, soit parce que mon partenaire n'accepte pas que je le fasse.

6. Comment faites-vous savoir à l'autre que vous désirez faire l'amour ?
a. Très clairement, par des paroles ou des caresses.
b. Je le demande parfois, mais normalement cela commence par un câlin.
c. Je ne le lui fais pas savoir. Cela doit être spontané.

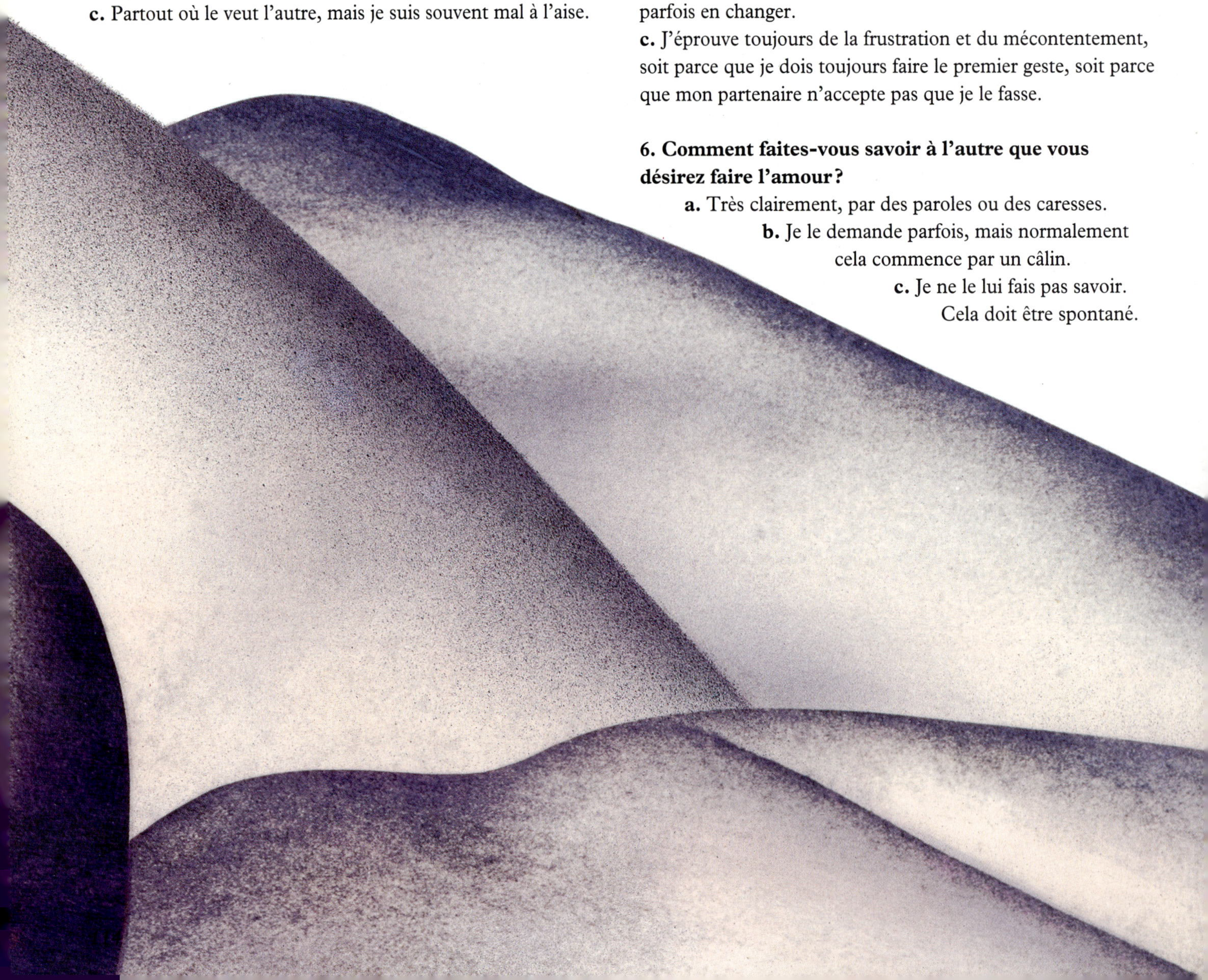

7. Réagissez-vous tous deux de la même façon à l'idée de prévoir les moments où vous ferez l'amour?
a. Oui. Cela ne nous pose pas de problème.
b. En général, je suis le mouvement, mais j'exprime parfois un point de vue différent.
c. Non. Je ne suis pas à l'aise soit parce que l'autre fixe les moments où nous ferons l'amour et cela détruit toute spontanéité, soit parce que j'aimerais anticiper le plaisir que j'en attends mais l'autre refuse toute prévision.

8. Êtes-vous aussi à l'aise l'un que l'autre avec votre nudité ?
a. Oui. Nous sommes pareils sur ce plan.
b. Parfois la nudité me gêne un peu.
c. Ma (ou mon) partenaire a là-dessus des sentiments très différents des miens et cela me gêne beaucoup.

9. Êtes-vous capable de caresser l'autre pour votre plaisir à tous deux?
a. Oui, mes caresses nous font plaisir à tous les deux.
b. Pas toujours, ce que l'autre me demande me gêne parfois.
c. Non, l'autre voudrait que je le caresse d'une façon que je n'aime pas ou bien ne veux pas que je le caresse d'une façon que j'aimerais beaucoup.

10. Êtes-vous satisfait(e) de la durée des préliminaires?
a. Oui, ces préliminaires sont tout à fait satisfaisants.
b. Pas toujours, j'aimerais parfois qu'ils durent plus longtemps ou qu'ils soient plus brefs.
c. Non, je suis toujours mécontent(e) des préliminaires : soit ils s'éternisent, soit ils sont bien trop courts.

11. Les caresses qui vous sont prodiguées vous donnent-elles du plaisir?
a. Oui, j'ai le genre de caresses que je désire, selon mon humeur du moment.
b. La plupart du temps mais pas toujours.
c. Non, l'autre n'a aucune idée de la façon dont j'aimerais être caressé(e).

12. Parlez-vous facilement pendant l'acte sexuel?
a. Oui, je dis régulièrement ce que je ressens et demande ce dont j'ai envie.
b. Je parle de notre relation et de mes sentiments, mais je trouve difficile de parler de sexe.
c. Non, cela m'embarrasse.

13. Comment l'éclairage est-il prévu pendant vos relations sexuelles?
a. Cela change selon notre humeur. Parfois, nous faisons l'amour dans l'obscurité, d'autres fois, nous allumons des bougies ou créons un éclairage tamisé.
b. L'éclairage est toujours le même, et j'aimerais que cela change quelquefois.
c. Mon (ou ma) partenaire tient beaucoup à ce que ayons toujours la même lumière; cela me gêne beaucoup, mais j'accepte sa volonté.

14. Si vous n'avez pas envie de faire l'amour, pouvez-vous le dire?
a. Oui, l'un comme l'autre nous pouvons le dire.
b. En général oui, mais il arrive que je ne dise rien pour faire plaisir à l'autre.
c. Non, cela blesserait l'autre ou le mettrait en colère; alors je dis oui pour avoir la paix.

15. Si un problème survient durant vos rapports – la fin de l'érection, par exemple - en parlez-vous?
a. Oui, nous pouvons en parler tranquillement.
b. Parfois, je me sens timide ou j'ai trop de pudeur pour en parler.
c. Non, on fait comme si rien ne s'était passé... jusqu'à la prochaine fois.

16. Êtes-vous capables d'ajuster vos attentes concernant vos rapports sexuels?
a. Oui et il arrive que nous nous en tenions à quelques baisers sans faire l'amour; il n'y a jamais de conflit à ce sujet.
b. En général. Quand les désirs de l'autre sont différents des miens, j'accepte son attitude.
c. Non, l'autre semble vouloir toujours faire l'amour alors que je ne désire que des gestes tendres, ou inversement.

17. Pensez-vous de même au sujet de l'excitation que peut procurer la main?
a. Oui, cela nous plaît beaucoup à tous les deux.
b. Pas toujours. Je voudrais souvent plus, ou moins, de cette sorte de stimulation.
c. Non. Nous avons un point de vue totalement divergent à ce sujet et cela nous crée beaucoup de problèmes.

18. Avez-vous le même point de vue au sujet de la stimulation obtenue avec la bouche?
a. Oui, nous nous entendons parfaitement là-dessus.
b. Pas toujours. J'aimerais qu'on tienne davantage compte de mes désirs en ce domaine.
c. Nos points de vue sont totalement divergents, et cela crée tension et frustration.

19. Magazines et vidéo font-ils partie de votre pratique sexuelle?
a. Nous trouvons tous les deux que ce genre de stimulation visuelle est excitant et nous en usons d'une façon qui me convient.
b. À l'occasion, sur la suggestion de l'un ou de l'autre.
c. Non mais je le regrette ou l'autre aimerait mais je déteste cette idée.

20. Envisageriez-vous une stimulation ou un rapport sexuel anal?
a. Nous sommes satisfaits de la stimulation anale que nous pratiquons.
b. Nous avons essayé, mais l'un de nous n'a pas aimé.
c. Non, je voudrais voir si c'est excitant et l'autre ne veut pas, ou bien l'autre le souhaiterait, mais je n'aime pas cette idée.

21. Avez-vous la possibilité d'adopter les positions que vous préférez?
a. Oui. Nous aimons tous les deux faire l'amour dans les positions les plus diverses.
b. Je n'ai pas grand choix dans ce domaine.
c. Non, l'autre ne veut entendre parler que d'une seule position et je fais comme il ou elle veut.

22. Fantasmer fait-il partie de vos préliminaires?
a. Oui, et nous partageons souvent nos fantasme sexuels.
b. J'ai des fantasmes, mais je n'aurais pas l'idée de lui en faire part car cela pourrait ne pas lui plaire.
c. Non, car je pense que cela ferait naître de la jalousie s'il y avait quelqu'un d'autre dans mes fantasmes.

23. Que pensez-vous de l'utilisation d'un accessoire tel qu'un vibrateur?
a. Cela pourrait nous intéresser.
b. Je n'en pense pas grand bien, cela me semble trop mécanique.
c. L'autre élèverait certainement des objections virulentes en disant que cela met en doute ses capacités sexuelles, ou bien l'autre aimerait mais moi je n'y tiens pas.

24. Y a-t-il des variantes sexuelles que vous aimeriez essayer, telles que des pratiques masochistes ou l'amour à plusieurs?
a. Je pourrais en parler, mais je respecterais sa décision quelle qu'elle soit.

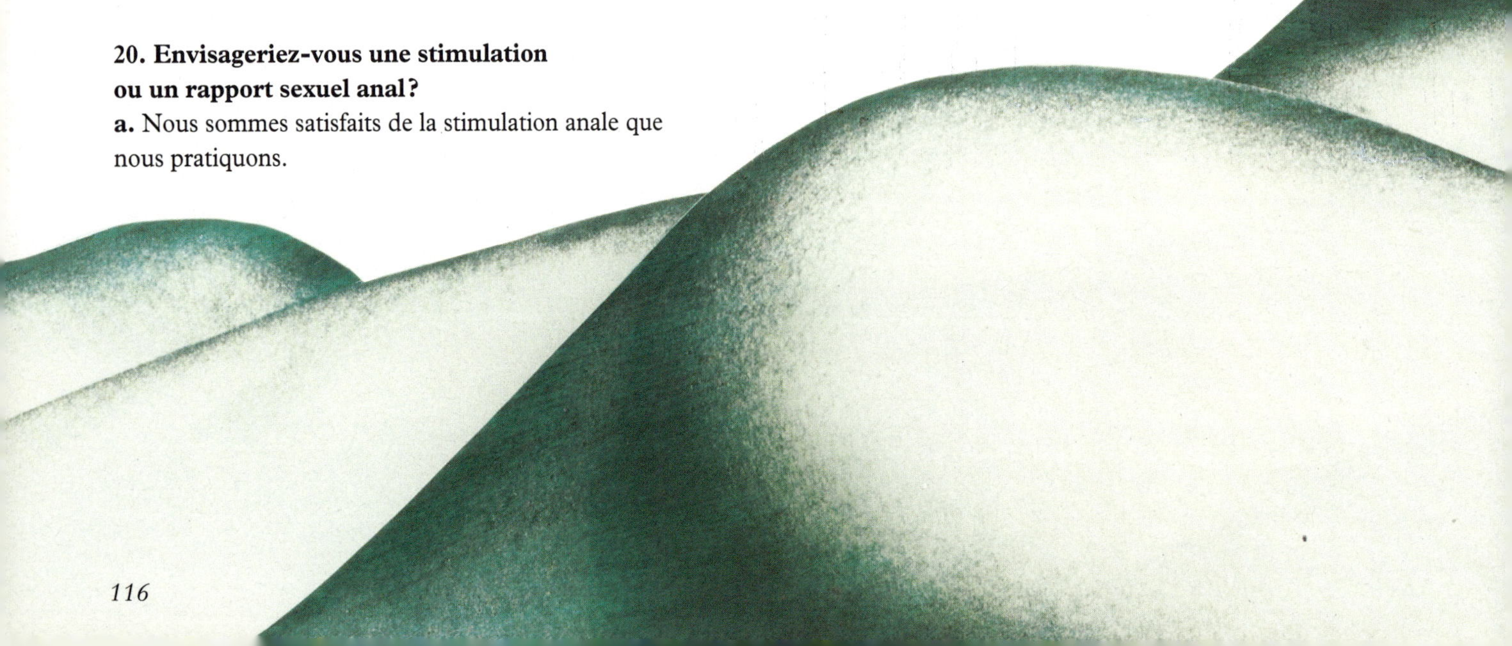

b. J'aurais quelque curiosité, mais je n'aimerais pas en parler avec mon ou ma partenaire.
c. Nous avons l'un et l'autre des points de vue très différents sur ce sujet et n'en parlons pas.

25. Que faites-vous après l'amour ?
a. J'aime rester dans ses bras et me détendre. Nous trouvons tous les deux que cela fait partie de l'acte sexuel.
b. L'autre a tendance à se tourner sur le côté et à s'endormir ou bien à se lever pour préparer une boisson. J'aimerais plutôt que nous restions l'un près de l'autre à nous détendre.
c. Rien, et je me sens souvent rejeté(e).

26. En dehors des moments où vous faites l'amour, en parlez-vous facilement ?
a. Oui, nous parlons facilement de sexe.
b. C'est difficile. Cela ne paraît pas naturel en dehors du lit. Mais j'aimerais bien.
c. Non, car cela finirait par une dispute ; j'aimerais cependant que cela soit possible.

27. Que pense l'autre si vous vous masturbez ?
a. Je peux me masturber sans penser que l'autre n'est pas d'accord. J'accepte cet aspect de ma sexualité.
b. L'autre y voit une critique de sa façon de faire et je me sens coupable de cet aspect de ma sexualité.
c. L'autre ne supporterait pas l'idée que je masturbe, alors je ne le fais pas, mais j'aimerais en être capable.

28. Aimeriez-vous regarder l'autre se masturber ?
a. Oui. Je le fais et cela m'excite.
b. Je crois que oui, mais l'autre n'aimerait sans doute pas beaucoup.
c. Oui, cela me tenterait beaucoup, mais l'autre ne voudrait jamais.

29. Aimeriez-vous qu'on vous regarde pendant que vous vous masturbez ?
a. Oui, et tous deux avons trouvé cela excitant.
b. Oui, cela me plairait, mais il se pourrait qu'il ou elle ne veuille pas.
c. Peut-être, mais l'autre serait sans aucun doute horrifié à cette idée.

30. Êtes-vous globalement satisfait de votre relation sur le plan sexuel ?
a. Oui. C'est un des ciments de notre couple.
b. Assez souvent. Mais j'aimerais plus de d'ouverture d'esprit et de recherche.
c. Non, cela correspond rarement à mes besoins et cela peut nous rendre malheureux.

Voyez les conclusions page 141.

EXPRIMER CLAIREMENT SES DÉSIRS

Pouvez-vous exprimer clairement ce que vous souhaitez ? Quand il s'agit d'aborder son patron pour demander une augmentation ou un voisin pour lui reprocher ses tapages nocturnes, il est déjà normal de n'être pas très à l'aise. Aussi, le fait d'éprouver de la gêne à parler de ses désirs sexuels et préférer garder le silence n'a-t-il rien d'étonnant.

Les pieds sur terre

Une des difficultés majeures est qu'on espère bien souvent que le partenaire saura intuitivement ce que l'on veut sans qu'il soit besoin de le lui dire. Cette vision idéale – les amoureux seraient si naturellement sur la même longueur d'ondes que les paroles sont inutiles – est un manque de réalisme. Une relation sexuelle satisfaisante exige une réelle communication, non seulement dans ses débuts mais par la suite, pour s'adapter aux besoins changeants du couple. De jeunes mariés, par exemple, auront des désirs différents après la naissance d'un enfant. Et, s'ils veulent maintenir leur union, ils devront prendre conscience de ces changements, les explorer et exprimer clairement ce qu'ils attendent l'un de l'autre.

Il est regrettable qu'une façon claire et directe de s'exprimer soit souvent prise pour de l'agressivité ou une manière de se satisfaire aux dépens des autres. En réalité, une demande précise ne met pas nécessairement l'autre en difficulté. Il peut se faire que, par la suite, il faille trouver un compromis, mais au moins les choses seront nettes dès le départ.

Afin de mieux saisir comment une tranquille affirmation de soi peut opérer, lisez les scénarios qui suivent et comparez les divers types de réponses.

Scénario 1 : Claire fréquente Marc depuis trois semaines. Ils sont restés dans les bras l'un de l'autre, se sont embrassés mais n'ont toujours pas fait l'amour. Claire ne sait pas encore quelle suite donner à cette idylle et n'est pas prête à avoir des rapports sexuels. Un soir, Marc fait des tentatives vers une intimité plus poussée, ce que Claire n'apprécie pas.
1. Claire repousse Marc et s'écrie : « Comment osestu ? Ne recommence jamais cela ! »
2. Claire se lève brusquement et grommelle : « Maintenant, il est temps pour toi de partir. Je dois me lever très tôt demain... »
3. Claire commence à pleurer et, quand Marc lui demande ce qu'elle a, elle répond : « Rien ! »
Un langage clair : Elle repousse doucement Marc en lui disant : « Tu me plais beaucoup, mais je ne suis pas encore prête à faire l'amour. J'attends de te connaître un peu mieux. »

Scénario 2 : Lise et Paul vivent ensemble depuis un an. Lise aimerait que Paul lui masse le dos avant qu'ils fassent l'amour, mais il n'y pense jamais.
1. Lise s'exclame, en colère : « Tu ne penses à rien ! Je t'ai demandé vingt fois de me masser le dos ! »
2. Lise dit timidement : « Tu te souviens de ce que je t'ai demandé la dernière fois ? »
3. Lise boude et grogne : « Si tu m'aimais vraiment, tu me masserais le dos comme je te l'ai demandé. »
Un langage clair : « J'aime que tu me masses le dos avant l'amour, cela me détend. »

Scénario 3 : Diane voudrait faire l'amour dans le salon, mais Louis semble réticent.
1. Diane accuse : « Tu ne veux jamais faire ce que je te demande. »
2. Diane suggère : « Si, au lieu d'aller tout de suite nous coucher, nous restions un moment dans le salon ? »
3. Lorsque Louis propose d'aller dans la chambre, Diane répond : « Je crois que je vais rester ici. »

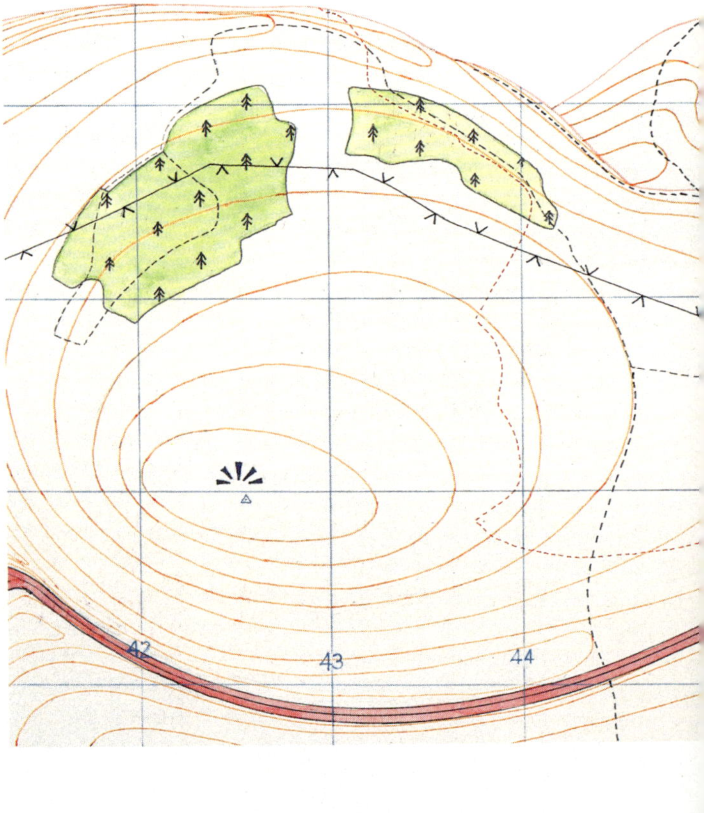

Un langage clair : dans un moment de détente, Diane s'approche gentiment de Louis et lui dit : « Cela a l'air de te gêner que nous fassions l'amour ici. Veux-tu que nous en parlions pour que je comprenne ? »

Scénario 4 : Michel voudrait que Thérèse serre plus fortement son pénis. Il a déjà essayé de l'expliquer à sa compagne, mais sa main reste trop incertaine.
1. Michel se plaint : « Tu ne fais jamais ça bien ! Tu ferais mieux de laisser tomber ! »
2. Michel repousse la main de Thérèse avec impatience en disant : « Arrête, ça ne me fait rien ! »
3. Michel repousse Thérèse en lui disant : « Ma première femme savait exactement ce que je voulais ; je n'avais pas besoin de le lui expliquer à l'infini... »
Un langage clair : Michel dit à Thérèse : « J'aime quand tu me serres très fort... » tout en mettant sa main par-dessus la sienne pour lui montrer.

Scénario 5 : Anne et Maurice sont ensemble depuis six mois. Anne aimerait essayer un vibrateur mais Maurice refuse. Elle demande pourquoi.
1. Maurice, sur la défensive : « Ma façon de faire l'amour te déplaît tant qu'il te faille un vibrateur ? »
2. Maurice répond simplement : « J'y penserai plus tard, quand nous serons ensemble depuis un an. »
3. Maurice refuse d'envisager la chose en disant : « Les vibrateurs sont des machines. Pas de machine ! »
Un langage clair : « Je n'ai jamais utilisé de vibrateur. Ça me gêne un peu, mais nous pouvons essayer et nous en parlerons après. »

Scénario 6 : Étienne surgit souvent derrière Carole et lui plaque les mains sur ses seins quand elle est en train de cuisiner. Elle voudrait qu'il cesse :
1. Carole s'écrie : « Si tu fais ça encore une fois, je ne ferai pas l'amour avec toi pendant un mois ! »
2. Carole retire les mains d'Étienne et boude tout le reste de la soirée.
3. Sarcastique, Carole lui dit : « Tu te crois malin ! »
Un langage clair : Dans un moment de calme, Carole explique : « Je vis cela comme un viol et ça me met en colère, parce que tu me traites comme un objet – sans tenir compte que, pour moi, c'est un geste réservé à l'intimité. »

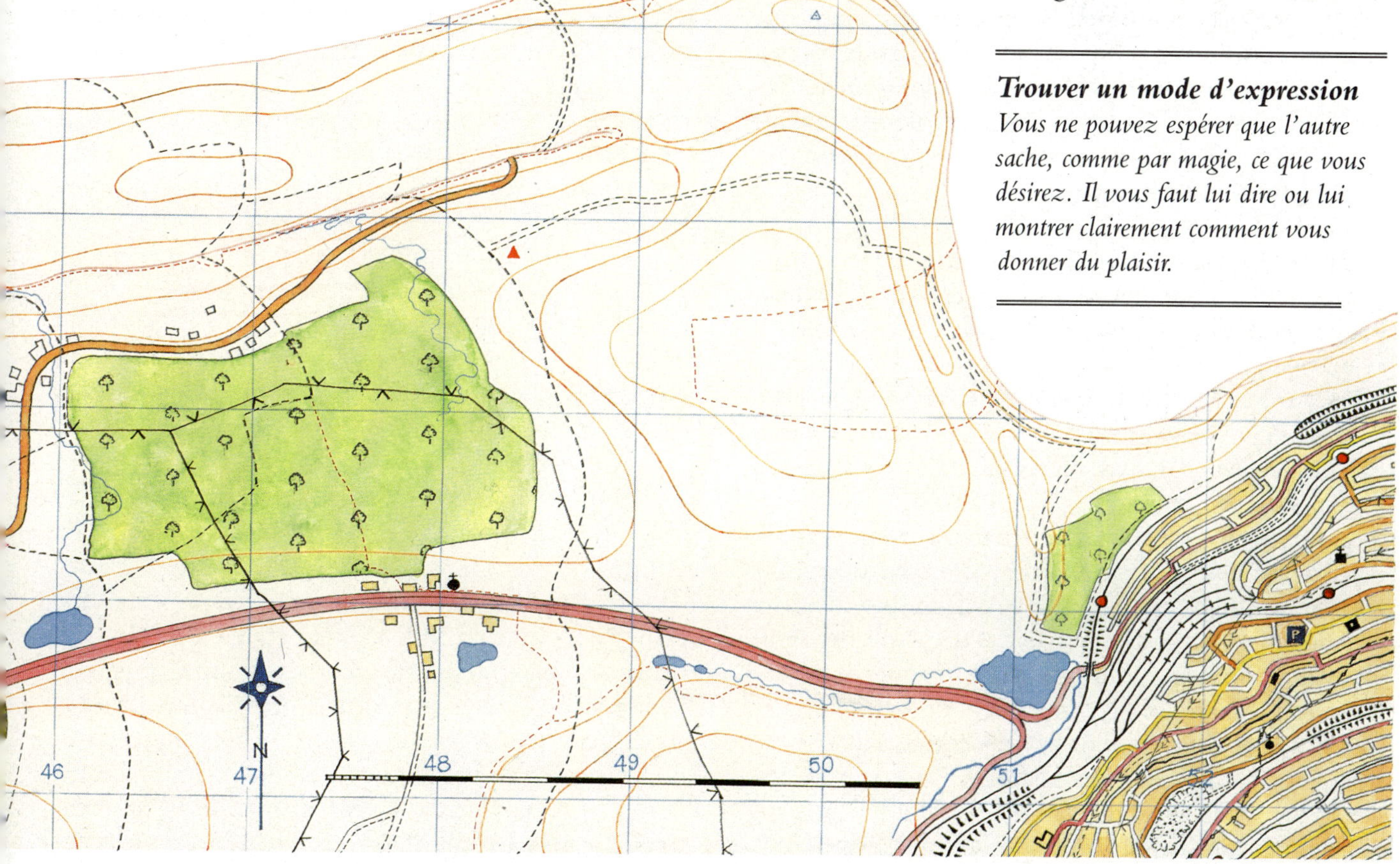

Trouver un mode d'expression
Vous ne pouvez espérer que l'autre sache, comme par magie, ce que vous désirez. Il vous faut lui dire ou lui montrer clairement comment vous donner du plaisir.

EN RÉPONSE À VOS QUESTIONS...

Aucune relation ne ressemble à l'autre, mais tous les couples risquent un jour ou l'autre d'être confrontés à certaines difficultés d'ordre sexuel. Ces problèmes fréquemment rencontrés viennent de malentendus, d'incompréhension, plus que d'une incompatibilité sexuelle réelle.

Pourquoi ne puis-je la satisfaire ?

Question : *« Ma femme et moi aimons faire l'amour, mais, quelle que soit la position que nous adoptions et le temps que je puisse rester en elle avant d'éjaculer, elle ne parvient pas à l'orgasme. Elle est excitée lorsque je caresse son clitoris, mais nous avons tous les deux le sentiment qu'elle ne peut pas avoir de véritable orgasme par la seule pénétration. »*

Réponse : c'est une erreur très répandue que de croire qu'une femme doit parvenir à une satisfaction complète par la seule pénétration. Certes, il y a des femmes qui atteignent l'orgasme de cette façon, mais beaucoup d'autres ont besoin d'une stimulation directe du clitoris pour y parvenir.

Essayez des positions qui vous permettent de pratiquer cette stimulation pendant que vous la pénétrez – elle vous tourne le dos, allongée ou à genoux, ou se tient à califourchon afin que son clitoris soit accessible et qu'elle-même, ou vous, puissiez le stimuler. Encouragez votre femme à vous montrer quelles caresses elle aime et à vous guider.

Partenaire ou jouet ?

Question : *« Mon compagnon et moi-même sommes très à l'aise par rapport à la relation sexuelle, mais j'ai récemment été choquée qu'il me demande de porter des bas et des porte-jarretelles pendant l'amour. Il disait que ce serait amusant, mais cette idée m'a mise mal à l'aise ; c'est comme si j'étais son jouet et non sa compagne. J'ai eu peur également qu'il ne me trouve plus attirante et qu'il faille que je me travestisse pour l'exciter. Cela a créé une certaine tension entre nous. »*

Réponse : votre problème révèle une des différences fondamentales entre les hommes et les femmes sur les façons d'être excité sexuellement. Dans l'ensemble, les hommes sont plus sensibles que les femmes aux stimuli visuels et les femmes aux caresses et aux odeurs. Que votre compagnon vous demande de porter une tenue provocante ne veut pas dire qu'il vous prenne pour un objet ni qu'il soit moins attiré par vous qu'auparavant. Si vous comprenez cela, vous éprouverez moins de difficulté à répondre positivement à sa requête pour lui faire plaisir. Néanmoins, si l'idée continue à vous déplaire, il est important que vous l'expliquiez très calmement sans lui faire reproche de sa demande ni chercher à lui en faire honte. Si quelque autre innovation vous venait à l'esprit, proposez-la-lui pour qu'il sache que vous cherchez vous aussi à enrichir vos rapports sexuels et que vous ne rejetez pas *a priori* toute nouveauté.

L'éjaculation précoce

Q*uestion : « J'ai noué récemment une relation avec une jeune femme. Nous avons passé quelques nuits ensemble. Je la trouve très attirante et je crois qu'elle a beaucoup de tempérament. Le problème est que je crains d'éjaculer trop vite. Cela m'est arrivé déjà une ou deux fois au début d'une liaison, mais ça ne s'était pas reproduit. Néanmoins, je me sens très tendu car j'ai peur de ne pas la satisfaire. »*

Réponse : vous pouvez attaquer ce problème sur deux fronts. Il vous faut d'abord réduire votre anxiété car, si vous êtes anxieux, vous ne parviendrez pas à vous détendre le moment venu et atteindrez l'orgasme une fois de plus trop tôt. Prolongez autant que possible les préliminaires. Si vous pouvez exciter votre compagne et faire en sorte qu'elle ait un orgasme avant que vous ne la pénétriez, cela vous rassurera et vous détendra. Vous pouvez également améliorer votre contrôle sur vous-même en utilisant une technique qui, progressivement, vous permettra de retarder à volonté l'éjaculation. Il vous faut commencer avec la masturbation : dès que vous sentez que le moment est proche, cessez vos mouvements et détendez-vous. Lorsque la jouissance cesse d'être imminente, reprenez la masturbation. Recommencez jusqu'à ce que vous puissiez retarder l'éjaculation de 15 minutes au moins et renouvelez l'exercice. Compliquez-le ensuite en utilisant un lubrifiant qui intensifie vos sensations, mais maintenez votre contrôle. Puis efforcez-vous de freiner votre orgasme en relâchant seulement la pression ou en freinant le rythme plutôt qu'en cessant tout mouvement. Lorsque vous aurez acquis plus de confiance en vous et de maîtrise, vous serez moins préoccupé ; si nécessaire, et si votre compagne est compréhensive et veut vous aider, essayez d'appliquer cette technique des « pauses contrôlées » en faisant l'amour avec elle.

Ne pas confondre fantasme et réalité

Q*uestion : « Ma compagne et moi nous sommes avoué que nous nous permettions des fantasmes sexuels pour accroître notre excitation et nous aider à atteindre l'orgasme. Au début, cela nous a amusés de nous raconter ces fantasmes, mais, lorsqu'elle m'a dit que l'un d'eux consistait à faire l'amour avec une femme, j'ai été horrifié. Cela veut certainement dire que nos rapports ne la satisfont pas. Je commence à avoir des inquiétudes quant à ma virilité. »*

Réponse : il est fort improbable que le fantasme homosexuel de votre partenaire menace votre relation et encore moins votre identité sexuelle. Bien des couples ont leurs fantasmes mais ne s'en parlent pas, d'autres pensent que les échanger accroît leur connivence. Mais cela exige que chacun comprenne bien que les fantasmes en général, et donc celui que vous rapportez, ne sont pas des vœux dont on souhaite la réalisation.

L'une des raisons pour lesquelles les fantasmes sont si excitants est précisément qu'ils ne sont pas réels et ne sont pas destinés à devenir la réalité.

La peur de l'échec

Q*uestion : « Mon mari et moi sommes mariés depuis quatre ans. Il y a quelques mois, il a perdu son emploi et n'en a pas retrouvé un autre depuis. Nous avons bien fait face au début, mais une tension s'est graduellement installée, et il a commencé à perdre son érection pendant nos rapports. Les toutes premières fois, cela ne m'a pas marquée, mais je commence à en souffrir et à me sentir rejetée ; je pense que je ne lui plais plus. »*

Réponse : il est bien plus probable que les difficultés sexuelles de votre mari viennent de son chômage. Pour beaucoup d'hommes, l'emploi, le statut social commandent l'image qu'ils ont d'eux-mêmes, et celle-ci est fortement atteinte, notamment sur le plan sexuel, lorsqu'ils perdent leur travail. Ce dont votre mari a le plus besoin en ce moment, c'est votre patience et votre compréhension. Réduisez la pression qu'il subit en lui proposant de ne pas vous pénétrer pendant quelque temps, mais caressez-vous, excitez-vous l'un l'autre de toutes les façons qui vous plairont. Cela atténuera son souci de « la performance ». Il faut également qu'il retrouve confiance en lui. Encouragez-le à être le plus actif possible, à pratiquer le sport qu'il aime ou à suivre une formation complémentaire. Si le problème persistait, il vaudrait mieux que vous consultiez un spécialiste.

RECHERCHEZ TOUT LE PLAISIR POSSIBLE

N'AVEZ-VOUS JAMAIS regardé au cinéma ou à la télévision une scène d'un érotisme torride et pensé tout d'un coup que votre vie sexuelle était en comparaison ennuyeuse à mourir. Que vous soyez d'âge mûr ou dans la fleur de la jeunesse, que vous ayez le visage et le corps d'une déesse ou un assortiment raisonnable d'imperfections humaines, il n'y a aucune raison pour que vos ébats amoureux ne soient pas aussi excitants, variés et passionnés que ce que vous avez vu à l'écran. Avec cette seule différence qu'ils seront, eux, bien réels.

C'est en fait moins une question de beauté sculpturale ou de technique perfectionnée que d'intimité, d'engagement et de communication. Et vous découvrirez en outre que d'identifier, de partager et de résoudre ensemble quelques problèmes sexuels que vous pourriez avoir enrichira votre entente dans tous les autres domaines.

Prendre le temps

Un facteur essentiel pour connaître une vie sexuelle épanouie est le temps ; lorsqu'on n'est pas reposé et détendu, il est bien difficile de prendre plaisir à faire l'amour. C'est pourtant là que nombre de problèmes que connaissent beaucoup de couples prennent leur source : ils font l'amour en toute fin de journée, la nuit, lorsqu'ils sont épuisés par une rude journée de travail et, éventuellement, les soins donnés à de jeunes enfants. En fait, à ce stade, ils n'ont envie que d'une seule chose : dormir.

Ajoutons qu'à ce moment-là on est souvent préoccupé par un petit fait de la vie professionnelle ou familiale : un dossier qui doit absolument être fini à temps ou un enfant difficile qui risque de se réveiller. Il n'y a alors pas lieu de s'étonner si l'un des partenaires, voire les deux, a du mal à se mettre sur la bonne longueur d'ondes.

Une façon d'éviter ce piège de la fatigue est de pré-

voir du temps pour faire l'amour. Si l'idée vous paraît compliquée, ou si vous craignez qu'elle n'ôte aux rapports sexuels toute spontanéité, souvenez-vous de vos premiers rendez-vous. Avant chaque rencontre, vous vous sentiez probablement au comble de l'excitation parce que vous saviez tous deux qu'en fin de compte vous auriez des relations plus intimes. Et cette certitude, loin de vous mettre en situation fausse et de créer une gêne, ajoutait un piment apprécié.

Pour retrouver ce plaisir, choisissez d'un commun accord un moment où vous ne serez ni l'un ni l'autre fatigué et où vous jouirez d'une parfaite tranquillité pendant au moins une heure. Ne croyez pas que cette durée soit excessive, songez que vous aimerez bavarder quelque temps avant de faire l'amour.

Soigner le décor

L'environnement est un autre facteur clé. Choisissez-vous toujours d'être dans la même pièce pour ces moments-là ? Si oui, vous pouvez changer l'ambiance en créant une lumière tamisée, par exemple, ou un éclairage romantique : pourquoi ne pas allumer quelques bougies ? Vous pouvez en trouver qui soient délicatement parfumées. Si avez toujours fait l'amour dans un lit, essayez une fois un confortable fauteuil où vous pourrez adopter des positions inaccoutumées. Ou encore, faites l'amour sur le sol que vous rendrez plus agréable avec une couverture, un duvet ou une pile de coussins. Expérimentez divers endroits dans votre logement, à la recherche d'un emplacement qui vous offre, en plus de la stimulation de la nouveauté, confort et agrément.

Amour et contes de fées
Dans les contes, l'amour romantique est parfait, sans problème. Mais nous ne pouvons vivre l'amour qu'avec des êtres réels et dans la quotidienneté.

Corps et esprit

Un élément sans doute plus important encore pour un plus grand plaisir sexuel est l'estime de soi que se porte de chacun des partenaires, particulièrement en ce qui concerne son propre corps. Vous ne pouvez sans doute rien faire pour modifier votre apparence physique, mais vous pouvez en tout cas apprendre à accepter, à aimer le corps que vous avez. En effet, vous ne connaîtrez ni la spontanéité, ni la liberté indispensables si vous vous obligez en permanence à rentrer le ventre, à cacher à la vue de l'autre tel ou tel détail de votre anatomie.

Si votre corps n'était pas désirable, l'autre ne serait

pas là où il est maintenant, auprès de vous. Pour éveiller votre sensualité et vous relaxer, commencez peut-être par prendre un bain tiède et parfumé, puis frictionnez-vous avec votre lotion préférée. Si vous n'avez pas assez de temps pour un long bain, sachez que vous vous sentirez mieux après avoir pris une douche rapide et vous être lavé les dents. Par égard pour leur compagne, les hommes doivent absolument être rasés de près; beaucoup de femmes, quant à elles, épileront leurs jambes. Certaines personnes choisissent de porter des vêtements particuliers – qu'il s'agisse d'un blue-jean ou d'un déshabillé en soie noire – qui plaît particulièrement à l'autre. Certes, les partenaires peuvent à l'occasion faire l'amour avec plaisir tout en étant inondés de sueur et vêtus de façon négligée, mais, en règle générale, il est plus agréable dans l'intimité que chacun se sente propre et soit plaisamment vêtu. Par ailleurs, le soin particulier apporté à sa tenue est pour l'autre une marque visible d'amour et de respect.

Vous pouvez, bien sûr, faire de ces préparatifs des préliminaires à l'acte d'amour. Vous pouvez suggérer à l'autre de vous masser dans votre bain, ou encore prendre une douche ensemble et, d'un jet d'eau étudié – car trop fort il risque de faire mal –, exciter à tour de rôle seins, pénis ou clitoris.

Des paroles et des gestes

Choisir son moment, veiller à créer une ambiance propice sont, nous venons de le voir, des éléments importants, mais ils ne seront d'aucune utilité si l'acte sexuel lui-même est d'une désolante brièveté ou extrêmement ennuyeux, voire déplaisant pour l'un ou pour l'autre. Ce dont se plaignent le plus souvent les personnes insatisfaites, c'est de l'extrême rapidité de leurs rapports.

Du temps pour l'amour

On dit aujourd'hui qu'il faut laisser du temps au temps : laissez-en donc à votre sexualité. Ne réduisez pas vos ébats amoureux à une brève pause dans vos multiples activités.

Si vous connaissez un problème de cet ordre, tâchez de convenir avec votre compagnon ou votre compagne d'un laps de temps – disons une demi-heure – qui sera consacré à des étreintes, des caresses et des baisers qui précéderont la pénétration. Cet accord donnera à chacun l'assurance qu'il disposera de suffisamment de temps pour explorer le corps de l'autre, expérimenter différentes sortes de stimulations. Efforcez-vous de bien percevoir les réactions de votre partenaire et donnez-lui tous les encouragements pour qu'il ou elle vous dise ce qui lui plaît particulièrement. Faites de même de votre côté, dites ce qui vous donne du plaisir et, éventuellement, ce qui vous met mal à l'aise. En plus des mots, des gestes peuvent vous aider à vous faire comprendre : une

Des relations au quotidien
Une véritable communication, une intimité qui dure, cela n'est possible que dans des relations réelles, celles qui connaissent les tracas et le tourbillon de la vie quotidienne.

bonne idée est de poser votre main sur celle de l'autre et de la guider, de lui faire sentir le degré de pression ou le rythme de caresse que vous appréciez. Une telle communication pendant les rapports eux-mêmes, claire et sans attitude critique ou négative, permet une excellente compréhension entre les amants et elle est particulièrement nécessaire durant les années de jeunesse, où les besoins, les goûts, peuvent changer considérablement.

En l'absence de ces échanges, trop de relations sexuelles deviennent insipides et peuvent conduire à des infidélités. En effet, dans une aventure extra-conjugale, l'attrait de la nouveauté, l'émoi de la passion peuvent compenser momentanément le manque de communication. Bien des couples s'en tiennent à cette idée fausse que l'intensité sexuelle de leurs échanges du début se maintiendra éternellement et que, si elle baisse, c'est que la relation n'a plus de raison d'être. Or cette intensité des débuts ne peut durer indéfiniment. Mais il est tout aussi vrai qu'aucune liaison passagère n'offrira la chaleur, la confiance, la sécurité d'une relation amoureuse, sexuelle et affective parvenue à maturité.

Le contexte

Dans bien des cas, ce à quoi on ne prête pas assez attention, c'est le contexte dans lequel se vit la sexualité. Cela tient au fait que les hommes et les femmes perçoivent de façon fort différente les comportements dans ce domaine. Pour la plupart des femmes, la sexualité est indissolublement liée à l'émotion, à l'affectivité, et c'est la raison pour laquelle elles ont du mal à comprendre qu'un homme puisse envisager de faire l'amour quand l'atmosphère est tendue, à la suite d'une dispute, par exemple, ou d'une longue période de séparation. Généralement, pour elles, faire l'amour vient marquer un point culminant après de longs moments d'intimité, de tendresse ; c'est pourquoi elles sont moins enclines à répondre aux approches sexuelles quand elles n'ont reçu aucune marque préalable d'attention et d'affection.

À l'inverse, les hommes ont davantage recours à l'acte sexuel plutôt qu'aux paroles et aux tendres étreintes pour manifester leur amour. Lorsqu'une femme se montre alors réticente à l'invite de son compagnon, celui-ci peut s'interroger, être blessé, prendre ce manque d'intérêt pour un rejet. La seule façon d'éviter un tel engrenage d'interprétations erronées est de se parler, de communiquer, et cela pas seulement dans la chambre à coucher.

Tous les efforts que vous ferez en vaudront la peine, car une bonne entente sexuelle est le plus souvent au cœur même de toute relation heureuse, même s'il semblerait que notre culture occidentale ait avili la sexualité à force de cynisme, de galvaudage, voire de pornographie.

QUEL EST VOTRE STYLE ?

Tout comme un instrument de musique, votre sexualité a son timbre particulier : romantique peut-être, comme celui de la harpe, ou excitant comme la batterie ? Ce questionnaire vous aidera à définir votre style, votre type d'attitude en matière de sexualité.

Il y a peu de chance pour que toutes vos réponses vous situent dans la même catégorie, le même genre d'attitude, mais l'un d'eux prévaudra sans doute et l'identifier vous permettra d'améliorer vos relations sexuelles.

1. Il faut être jeune, svelte et en pleine forme pour s'épanouir sexuellement ....Oui ❑...Non ❑

2. Une relation amoureuse réussie exige beaucoup de pratique ....Oui ❑...Non ❑

3. L'affection est très importante dans la relation amoureuse..Oui ❑...Non ❑

4. Il faut avoir eu beaucoup de partenaires pour savoir quel type de relation vous convient ....Oui ❑...Non ❑

5. Je m'ennuie si l'autre semble ne pas savoir très bien ce qu'il ou elle fait............................Oui ❑...Non ❑

6. Mes partenaires se plaignent rarement de ma technique sexuelle ....Oui ❑...Non ❑

7. Si quelque chose ne va pas dans la relation sexuelle, on doit pouvoir trouver un livre ou un film vidéo qui aidera à l'améliorer..................Oui ❑...Non ❑

8. Je ne demande pas toujours à faire l'amour quand j'en ai envie...Oui ❑...Non ❑

9. Quand on a trouvé l'amour de sa vie, on le sait immédiatement ....Oui ❑...Non ❑

10. La sexualité peut aider tout couple à se sentir proche et à rester ensemble ....Oui ❑...Non ❑

11. Si l'autre ne satisfait pas vos désirs, cela peut ruiner toute la relation ....Oui ❑...Non ❑

12. Quand on est seul, la masturbation est un bon moyen de réduire la tension sexuelle ....Oui ❑...Non ❑

13. Je lis des brochures pour apprendre de nouvelles techniques en matière de sexe ......Oui ❑...Non ❑

14. Pendant l'amour, j'observe souvent l'expression de l'autre pour savoir ce qu'il ou elle éprouve ..Oui ❑...Non ❑

15. Mettre un préservatif fait disparaître le désir et gâche le plaisir...............................Oui ❑...Non ❑

16. Si l'autre fait quelque chose qui ne vous excite pas, on doit le lui dire tout de suite afin qu'il ou elle ne recommence pas ....Oui ❑...Non ❑

17. Je demande souvent à l'autre ce qu'il ou elle aimerait ....Oui ❑...Non ❑

18. On doit toujours connaître l'histoire de l'autre sur le plan sexuel ....Oui ❑...Non ❑

19. Je sais parfaitement comment exciter mon ou ma partenaire..................................Oui ❑...Non ❑

20. Faire l'amour en plein air est particulièrement excitant...............................Oui ❑...Non ❑

21. J'aime regarder des films vidéo ayant trait au sexe et en parler avec mon ou ma partenaire ....Oui ❑...Non ❑

22. La sexualité est purement biologique ; ce qu'on en pense n'a guère d'importance...........Oui ❑...Non ❑

23. J'ai appris par la masturbation comment j'aime que l'on me touche ....Oui ❑...Non ❑

24. Les rapports sexuels doivent être spontanés, sans programmation ....Oui ❑...Non ❑

25. J'aimerais voir mon ou ma partenaire faire l'amour avec quelqu'un d'autre...............Oui ❑...Non ❑

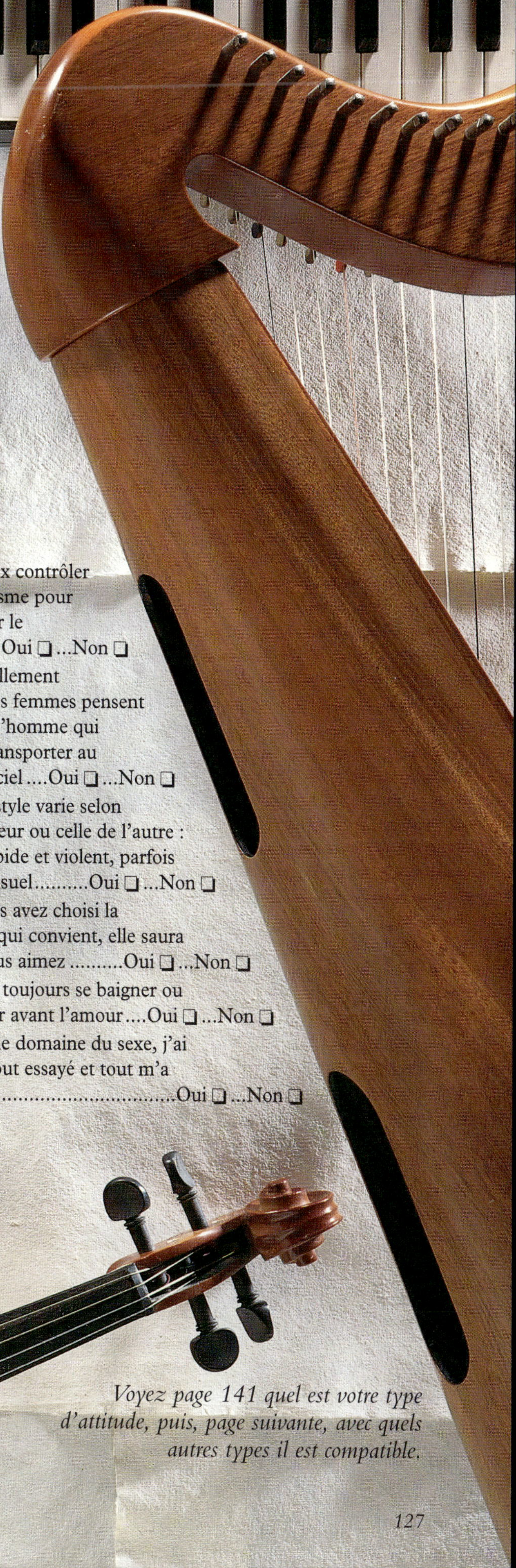

26. Il est important d'essayer diverses positions pour rompre la monotonie ....Oui ❑...Non ❑

27. J'aimerais faire l'amour partout dans la maison..Oui ❑...Non ❑

28. Je n'insisterai jamais pour faire l'amour si l'autre est fatigué ou n'en a pas envie ....Oui ❑...Non ❑

29. Il est important de dire à l'autre ce qu'on aime et n'aime pas en matière de sexe avant de faire l'amour la première fois ....Oui ❑...Non ❑

30. Faire l'amour, c'est souvent savoir comment faire vibrer les «bonnes cordes» ....Oui ❑...Non ❑

31. Je peux me rendre compte si l'autre a besoin d'une stimulation différente pendant qu'on fait l'amour..Oui ❑...Non ❑

32. La contraception est un élément essentiel dans toute relation sexuelle ....Oui ❑...Non ❑

33. Bien des problèmes surviennent parce qu'on n'est pas avec la personne qui vous convient ....Oui ❑...Non ❑

34. J'arrive à convaincre l'autre de faire l'amour même quand il ou elle n'en a pas envie...........Oui ❑...Non ❑

35. Je parle à l'autre pendant l'amour.............Oui ❑...Non ❑

36. Des rapports sexuels brefs sont généralement plus intenses et plus satisfaisants ....Oui ❑...Non ❑

37. Les besoins sexuels changent aux différents stades de la vie ....Oui ❑...Non ❑

38. Je sais comment fonctionne la sexualité de l'autre et je connais le processus biologique de son excitation...........................Oui ❑...Non ❑

39. Accessoires et gadgets peuvent épicer les rapports sexuels ....Oui ❑...Non ❑

40. Je fais parfois passer mes besoins sexuels après ceux de l'autre ....Oui ❑...Non ❑

41. Je fantasme sur des expériences sexuelles que j'ai eues ou aimerais avoir........................Oui ❑...Non ❑

42. Il faut vraiment aimer l'autre pour avoir une bonne relation sexuelle..........................Oui ❑...Non ❑

43. Parfois les câlins sont aussi bons que faire l'amour ....Oui ❑...Non ❑

44. La sexualité est surévaluée. Il y a d'autres choses plus importantes dans la vie..................Oui ❑...Non ❑

45. Je peux contrôler mon orgasme pour faire durer le plaisir......Oui ❑...Non ❑

46. Sexuellement parlant, les femmes pensent que c'est l'homme qui doit les transporter au septième ciel ....Oui ❑...Non ❑

47. Mon style varie selon mon humeur ou celle de l'autre : parfois rapide et violent, parfois lent et sensuel..........Oui ❑...Non ❑

48. Si vous avez choisi la personne qui convient, elle saura ce que vous aimez ....Oui ❑...Non ❑

49. Il faut toujours se baigner ou se doucher avant l'amour....Oui ❑...Non ❑

50. Dans le domaine du sexe, j'ai presque tout essayé et tout m'a satisfait.................................Oui ❑...Non ❑

Voyez page 141 quel est votre type d'attitude, puis, page suivante, avec quels autres types il est compatible.

Y A-T-IL COMPATIBILITÉ SUR LE PLAN SEXUEL ?

Après avoir rempli le questionnaire des deux pages précédentes et examiné, page 141, dans quelles catégories vos réponses vous situent, prenez connaissance des interprétations ci-dessous.

Huit affirmations ou plus dans une catégorie donnée indiquent que votre sexualité incline fortement vers le type d'attitude indiqué. Quatre à six « oui » montrent que ce type d'attitude peut vous attirer. Si vos réponses positives se répartissent à peu près également dans chaque catégorie, cela signifie qu'en matière sexuelle vous avez une bonne ouverture d'esprit et faites preuve de souplesse. En revanche, si celles-ci vous rangent quasiment toutes dans une seule et même catégorie, il serait sans doute nécessaire de repenser votre approche si vous voulez connaître une vie sexuelle satisfaisante.

Romantique : Un haut score indique que vous êtes dans le domaine du rêve et n'aimez probablement pas vous préoccuper de questions pourtant capitales, comme la contraception. Vous avez sans doute aussi tendance à mettre tous vos espoirs dans la ou le partenaire idéal plutôt que de bien identifier vos besoins en la matière. Votre côté le plus positif est que vous ne voyez que les qualités de l'autre. Cela peut vous assurer une vie sexuelle plaisante, mais vous risquez d'être un jour blessé à cause de votre aveuglement concernant ses défauts.

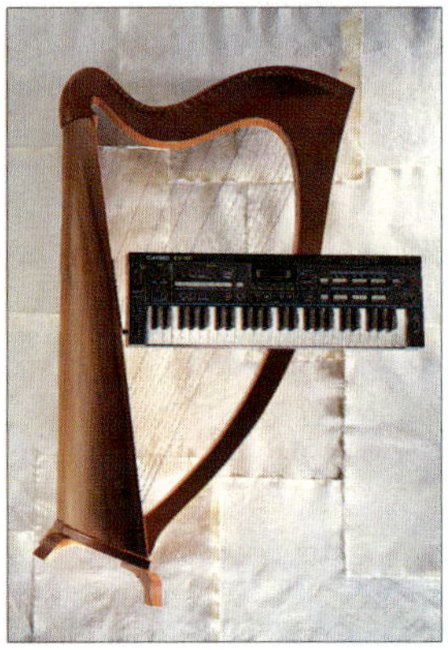

Pratique : Un score élevé montre que la sexualité compte dans votre vie, mais que vous ne lui accordez pas une importance considérable. Vous n'ignorez pas grand-chose sur le plan de la « technique », mais vous êtes peu sensible à l'importance de l'entente sexuelle dans votre relation. Vous adoptez une attitude tout à fait responsable, et ce n'est pas avec vous que votre partenaire courra le risque soit d'une maladie sexuellement transmissible, soit d'une grossesse non désirée.

Aventureux : Un score important suggère qu'on ne doit pas s'ennuyer avec vous ! Vous avez envie de tester de nouvelles idées, de vous aventurer dans des expériences sexuelles qui feraient peur à beaucoup. Vous savez faire partager votre enthousiasme à l'autre, mais vous risquez aussi de le ou la décourager par vos exigences. Vous pouvez prendre des risques et mettre en danger votre santé par vos pratiques sexuelles, et sans doute vous souciez-vous assez peu de construire une relation durable.

Expert : Un score élevé laisse supposer que vous avez du cœur à l'ouvrage et que vous vous félicitez de vos prouesses sexuelles. Vous devez être convaincu que la « technicité » est le seul aspect important et que, une fois maîtrisée, vous pouvez l'employer uniformément, sans nuances, avec tous ou toutes vos partenaires. Ceux-ci doivent l'apprécier, tout en pensant que vous considérez l'acte sexuel comme une performance plutôt qu'une relation naturelle et spontanée. Vous devriez vous détendre et vous autoriser quelques erreurs...

Sensible : Si vous avez un score élevé, vous êtes sans doute quelqu'un d'attentif et de réfléchi. La sexualité a sa place dans la globalité de votre relation à l'autre. Elle n'est pas une affaire à part qui se situerait hors de la communication. Vous avez envie de faire plaisir et vous apprenez à connaître les besoins et les désirs de l'autre au risque parfois de méconnaître les vôtres. Cela pourrait laisser croire que vous manquez de dynamisme sexuel, et on pourrait attendre de vous que vous exprimiez votre appétit plus vigoureusement.

Le meilleur partenaire possible

Le questionnaire sur votre style en matière de sexualité vous a permis de cerner votre attitude générale et ce qui vous procure le plus de satisfaction. Cette attitude peut également influer sur votre choix du ou de la partenaire, ainsi que sur la qualité de votre relation dans son ensemble. Choisir une compagne ou un compagnon dont les attentes sexuelles sont complémentaires des vôtres peut vous aider à réussir votre vie de couple. Mais que faire si vous êtes avec quelqu'un qui semble totalement incompatible ? Cela peut arriver si cette personne a une attitude différente, sinon opposée, de la vôtre. Apprendre à repérer votre style et célui de l'autre vous aidera, le cas échéant, à accroître vos capacités d'adaptation.

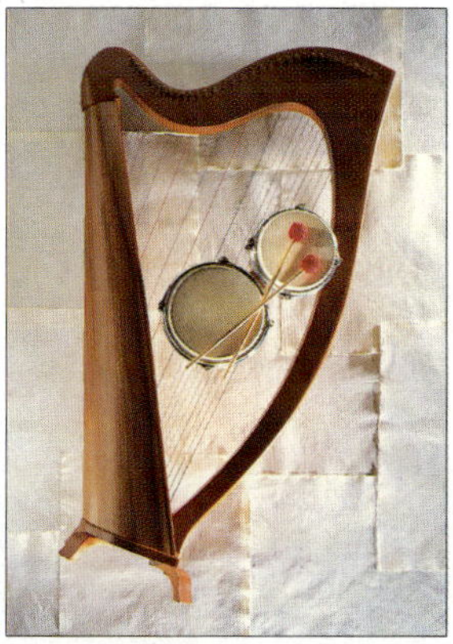

Certains instruments de musique sonnent particulièrement bien ensemble, et cela est également vrai des différents types de sexualité. L'accord le plus difficile à obtenir est peut-être celui de la femme-romantique et de l'homme-expert. Elle voudra vraisemblablement qu'il s'engage comme elle-même le fait. Au début, elle appréciera qu'il prenne les choses en main et s'attendra qu'il incarne tous ses rêves du héros fort et affectueux. Mais la déception suivra, car il se lassera d'être pratiquement seul en cause ; de son côté, elle découvrira que l'absence d'émotion chez lui frustre son besoin de tendresse. Romantique, elle espérera qu'il lui offre des fleurs et lui dise à loisir combien il l'aime. Il n'en fera sans doute rien, mais elle a quelques chances de l'influencer en lui expliquant l'importance qu'ont ces marques d'affection pour elle. En effet, s'ils n'aiment guère devoir deviner ce que veut l'autre, les experts répondent à des désirs clairement exprimés. Cela peut heurter les convictions romantiques de la dame, selon lesquelles le véritable amour devine tout, mais aider à créer un climat plus satisfaisant pour elle.

La quête de l'aventure

Les personnes qui ont le goût de l'aventure n'ont pas leur pareil pour connaître des relations agitées. Elles peuvent paraître excitantes à cause de leur audace au début. Leur impétuosité peut les rendre attachantes mais, lorsqu'elles s'associent avec une personne du type pratique, cela forme un mélange explosif. Avec leur caractère prudent, ces dernières s'accorderont avec qui a de la technicité ou de la sensibilité, mais elles asphyxieront qui a le goût de l'aventure – par leur méticulosité, leur souci de contraception, par exemple. Tandis que l'un enragera, tant ses efforts pour faire partager ses curiosités ne trouveront aucun écho, l'autre verra tourner ses appels à la sagesse et à la raison au dialogue de sourds. Quant aux personnes sensibles, elles seront écrasées par celles qui cherchent l'aventure et finiront par avoir le sentiment qu'elles n'existent que pour satisfaire les exigences de l'autre. Ce goût de l'aventure est le fait de gens plutôt jeunes ou qui sortent d'une longue liaison. On ne demeure pas très longtemps dans ce type d'attitude, mais on peut l'adopter épisodiquement au cours d'une même relation.

Faire preuve de sensibilité

L'amoureux ou l'amoureuse sensible peut s'entendre avec tous les autres types d'attitude et adapter son comportement aux changements qui surviennent en eux-mêmes ou en leur partenaire. Ils veulent bien risquer la nouveauté mais tiennent compte des désirs changeants de l'autre. Les romantiques leur conviennent bien, car ils accordent une égale importance à l'affection et la tendresse. Ceux avec lesquels ou lesquelles ils peuvent avoir des difficultés, ce sont les experts. Ces derniers ont en effet une approche technicienne qui va à l'encontre du souci de l'autre. Ils parviendront éventuellement à convaincre l'expert de se laisser aller mais les disputes naîtront vite. Pour l'un, les caresses seront un plaisir en soi tandis que l'expert les tiendra pour un ersatz et voudra passer aux choses sérieuses...

Examiner votre sexualité sous l'angle de ces divers types d'attitudes peut vous aider à comprendre votre comportement de base dans ce domaine, mais il est probable qu'au cours de votre vie vous présenterez des aspects de chacun d'eux. Utilisez cette connaissance pour améliorer votre communication avec celui ou celle que vous aimez. Étudiez ensemble les avantages et les difficultés que présentent vos propres styles. Analysez les forces qui vous unissent et les faiblesses sur lesquelles vous pourriez agir.

DES SENTIMENTS QUI EMPOISONNENT...

LORSQUE TOUT SE PASSE BIEN sur le plan sexuel, cela aide la relation à garder sa force et sa douceur à la fois. À l'inverse, lorsqu'il y a problème et insatisfaction, le couple risque de s'interroger sur son devenir. Ces dernières années, l'accent a été fortement mis sur l'importance d'un apprentissage, disons technique, de l'amour. Nombre de couples s'en sont bien trouvés, mais d'autres ont du mal à comprendre comment il se fait qu'avec le savoir qu'ils ont acquis ils rencontrent encore des difficultés d'ordre sexuel. Cela est dû au fait que les tensions qui les génèrent ont leur origine dans des problèmes émotionnels plus que dans un manque de connaissance. Ces sentiments secrets semblent au premier abord n'avoir aucun rapport avec ce qui se passe dans l'alcôve. Un deuil, un déménagement ou même un mariage peut introduire des changements néfastes dans une entente sexuelle jusque-là satisfaisante.

Le manque d'estime de soi

Un autre facteur qui, lui non plus, ne semble pas directement lié à la sexualité, est l'état dépressif ou le manque d'estime de soi dont souffrirait l'un des membres du couple. La vie sexuelle d'Hélène et de Guy a changé du tout au tout avec la dépression de ce dernier. Il devint renfermé et ne répondit plus que rarement aux marques d'affection d'Hélène. Celle-ci réalisa que Guy n'était plus le même depuis leur accident de voiture. Pourtant, ni l'un ni l'autre n'avait été sérieusement blessé, mais ils avaient subi un choc et leur voiture avait été mise à la casse. Hélène ne comprit pas immédiatement comment cela pouvait avoir affecté à ce point leur vie amoureuse. Elle, elle se réjouissait d'être encore en vie. Pour Guy, il en allait différemment. Se reprochant l'accident, il se prit à douter dramatiquement de lui-même. Le médecin lui conseilla de voir un sexologue pour tirer les choses au clair. Après que Guy eut commencé ses entretiens avec le conseiller, il put faire part de ce qu'il éprouvait à Hélène. Celle-ci lui avoua qu'elle n'avait pas perçu la profondeur de son désarroi. Ensemble, ils décidèrent de rétablir une intimité faite de paroles et de caresses, et finalement ils retrouvèrent une vie sexuelle normale. Ce que Guy

Des eaux boueuses
Lorsque des frustrations restent sous-jacentes, elles peuvent saper l'entente sexuelle d'un couple, tarir leur désir mutuel ; il n'est pas toujours facile de découvrir – au-delà de la manifestation sexuelle – la cause réelle du malaise.

avait éprouvé à la suite de l'accident l'avait conduit à rejeter tout ce qui dans sa vie était positif pour ne laisser place qu'à sa culpabilité. L'aide du conseiller et d'Hélène l'aida à rétablir un sain équilibre.

Les suites d'une infidélité

Des événements sans liens apparents avec la sexualité de l'un ou de l'autre peuvent affecter une relation, mais il est d'autres cas où le lien n'est que trop évident. L'un et l'autre membre du couple savent parfaitement ce qui a provoqué leur éloignement, mais ils ne savent pas pour autant comment rétablir l'entente. Alice et Jean étaient mariés depuis sept ans lorsque Jean eut une aventure extraconjugale. Alice reçut d'abord une lettre anonyme l'informant qu'on avait vu son mari à plusieurs reprises en galante compagnie, et celui-ci, interrogé, ne nia pas les faits. Ils crurent d'abord que c'était la fin de leur union. Mais Jean ne voulait quitter ni Alice ni leurs deux jeunes enfants. Il rompit avec sa maîtresse et l'entente sembla se restaurer, si ce n'est que la vie sexuelle du couple devint quasiment inexistante.

Alice s'efforçait de prendre plaisir à ses rapports avec Jean, comme autrefois, mais elle y parvenait mal et le repoussait souvent. Jean ne savait plus comment aborder Alice. Un soir où il se sentit particulièrement frustré par son refus, il dit regretter d'avoir rompu sa liaison. Il s'ensuivit une violente dispute au cours de laquelle Alice elle-même découvrit l'ampleur de sa colère, de sa rancune contre l'infidélité de son mari. Elle avait mis son ressentiment sous le boisseau, se l'était en partie caché à elle-même pour, au nom des enfants, reconstruire un foyer. Elle avait concentré sur leur vie sexuelle sa rage inexprimée, son

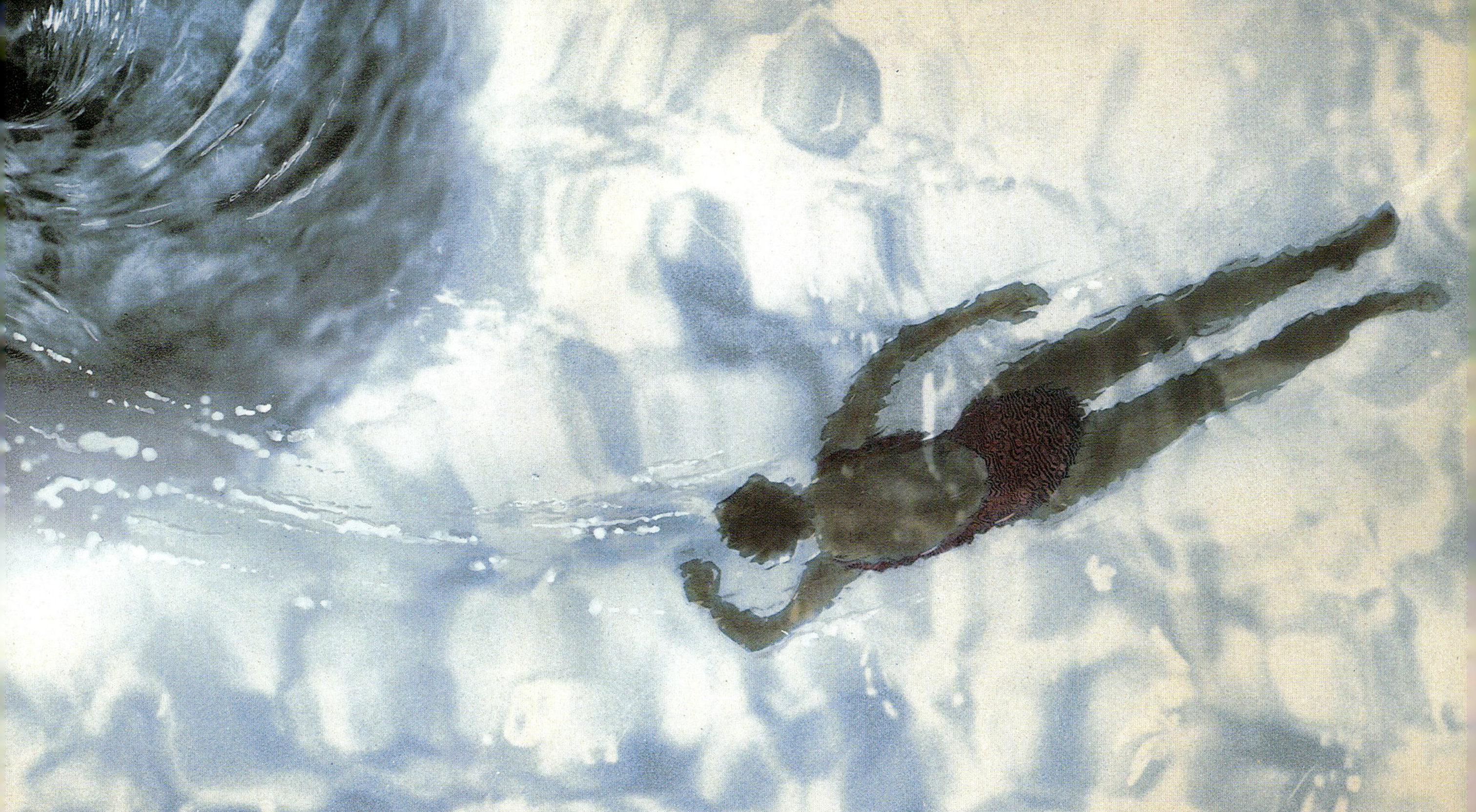

envie de le punir. Le calme revenu, Jean expliqua à Alice que le fait qu'elle exprime sa colère était pour lui un soulagement. Il avait bien perçu à quel point elle était tendue mais n'avait pas osé lui-même rappeler ce sujet douloureux. Leur relation sexuelle reprit consistance tandis qu'Hélène retrouvait quelque confiance en son mari.

L'amour sur commande

La vie sexuelle est également sensible à des changements de cap dans la relation. Pour certains couples, elle n'est satisfaisante que s'il y a un objectif de procréation ; pour d'autres, au contraire, les risques de grossesse gâtent tous les rapports. Étienne et Monique vivaient ensemble depuis deux ans lorsqu'ils décidèrent d'avoir un enfant. Monique commença par relever quels étaient chaque mois ses jours de fertilité et, au début, tous deux se plaisaient à prévoir qu'ils feraient l'amour à ces moments-là. Monique n'attendait qu'une chose, être enceinte, et chaque nouvelle menstruation la désolait. Elle devint de plus en plus anxieuse et, un jour, elle demanda à Étienne de rentrer de son travail pour faire l'amour parce que c'était son jour de fertilité maximale. Étienne commençait à trouver qu'il jouait les robots et, au lieu de s'exécuter, il s'esquiva. La situation devint rapidement intenable, d'autant plus qu'ils étaient incapables d'avoir de vraies conversations à ce sujet.

Au bout de huit mois, Monique n'étant toujours pas enceinte, ils se rendirent au Planning familial. On leur expliqua qu'il n'était pas rare qu'il faille près d'une année pour une conception et on conseilla à Monique de pratiquer une technique de relaxation et de cesser pendant quelque temps d'être obsédée par ses jours de fertilité. Le médecin leur promit d'envisager un traitement – dans quelques mois – si rien n'était en vue. Monique et Étienne retrouvèrent une vie sexuelle plus naturelle, moins planifiée, et leurs rapports s'améliorèrent avec la réduction de leur anxiété. Deux mois plus tard, l'heureux événement s'annonçait ! Le couple sut tenir compte par la suite des effets que la grossesse eut sur leur relation.

Le poids des liens familiaux

Des problèmes liés aux relations entretenues avec la famille affectent parfois la vie sexuelle du couple. Des ressentiments cachés nés de disputes familiales peuvent remonter en surface au moment de faire l'amour, car une bonne part de ce que chacun a d'abord appris en matière sexuelle vient des interactions observées chez les parents. Si les vôtres étaient froids et réservés vis-à-vis l'un de l'autre, par exemple, vous aurez vous-même du mal à faire part de vos sentiments à votre partenaire. Si le lien affectif qui vous unit à vos parents est encore très étroit, alors vous pouvez avoir du mal à entretenir une relation sexuelle vraiment adulte.

Alain et Bernadette sortaient ensemble depuis plusieurs mois lorsque Alain demanda à Bernadette de venir vivre avec lui. Elle habitait chez sa mère, qui avait divorcé quelques années auparavant, et ils faisaient l'amour quand ils le pouvaient, Bernadette passant à l'occasion la nuit chez Alain. Tout allait bien, mais Alain souhaitait un engagement plus net. À plusieurs reprises, Bernadette refusa de quitter sa mère, puis, finalement, elle accepta. Leur relation se détériora quasi immédiatement. Bernadette n'avait plus de désir, rendait visite à sa mère presque tous les jours, y restait tard le soir. Alain en voulut bientôt à la mère de sa compagne qui lui semblait entrer en compétition avec lui. Son érection cessa plusieurs fois pendant qu'ils faisaient l'amour sans qu'il com-

Avoir une vision claire
Identifier l'origine d'un problème est la seule façon pour un couple de pouvoir œuvrer efficacement à la recherche d'une solution. C'est bien préférable à l'adoption d'une solution bâclée qui laisse le problème entier.

prît ce qui lui arrivait. Les disputes s'intensifièrent et Bernadette finit par rompre. Ils étaient en fait tous deux incapables de gérer le ressentiment secret de Bernadette. Elle lui en voulait d'avoir exercé sur elle une pression afin qu'elle s'engage plus avant qu'elle ne le pouvait, tandis qu'Alain lui faisait grief de son attachement à sa mère. Ses troubles sexuels étaient liés à sa frustration et à sa colère rentrée. Quant au désintérêt de la jeune femme, il reflétait son ambivalence globale envers cette relation. Ils auraient pu parvenir à une solution s'ils avaient porté plus d'attention à leur sexualité, s'ils avaient pris le temps d'avoir des échanges sérieux sur leurs attentes respectives.

Le frein de la culpabilité

Les tensions, les soucis de la vie quotidienne peuvent freiner les pulsions sexuelles dans un couple. Si ces soucis s'accompagnent de quelque sentiment de culpabilité, le couple peut toutefois se maintenir vaille que vaille, mais à quel prix !

Benjamin et Macha avaient beaucoup travaillé tous les deux pendant leurs trois premières années de mariage. Ils avaient un bon niveau de vie, passaient des vacances à l'étranger, allaient au restaurant et avaient les moyens de décorer et de meubler leur maison à leur gré. Puis Macha fut licenciée. Le seul salaire de Benjamin leur permettait encore de joindre les deux bouts mais sans voyages ni restaurants. Benjamin fit tout ce qu'il put pour réconforter Macha, mais celle-ci se sentait terriblement coupable et estimait que la réduction de leur train de vie était de sa faute.

Plus elle se désolait, plus sa vie sexuelle se détériorait. Elle se forçait à faire l'amour, mais il lui arrivait souvent de fuir les avances de son mari. Elle n'eut plus d'orgasmes et Benjamin commença à se demander s'il n'avait pas commis une erreur quelconque. Au bout de quelques semaines, Macha laissa éclater son sentiment de culpabilité.

Benjamin l'écouta patiemment et la réconforta. Rassurée sur le fait qu'il ne la tenait pas pour responsable de la chute de leurs revenus, elle se sentit soulagée. Ils décidèrent alors de restaurer leur entente sexuelle et, à force de caresses, de donner le temps à Macha de laisser revenir en elle le désir.

Rechercher ensemble la solution

Lorsque la vie sexuelle d'un couple, jusque-là heureuse et satisfaisante, connaît un passage à vide, c'est que des facteurs externes ont joué. Ils peuvent être très circonstanciels – une pression accrue au travail, par exemple, qui provoque chez l'un tension et fatigue, freine son tempérament habituel et sa capacité à se détendre. Si ce genre de facteur n'est pas en cause, il faut examiner ensemble toutes les autres sphères de la relation pour trouver la raison du trouble, ce qui ne pourra que renforcer la confiance mutuelle.

RÉSOUDRE SES PROBLÈMES SEXUELS

Si vous souffriez d'un mal quelconque, vous n'hésiteriez pas à consulter votre médecin, mais, en cas de trouble sexuel, iriez-vous aussi aisément chez un psychologue ou un sexologue ? Bien des gens trouvent gênant de parler de leurs difficultés dans ce domaine et, matraqués que nous sommes par les images de sexualité triomphante véhiculées par les médias, ils préfèrent laisser croire qu'ils baignent en permanence dans un érotisme torride. Pourtant, chacun connaît un jour ou l'autre un problème, que l'on vive des relations orageuses ou l'amour le plus serein.

Les difficultés d'ordre sexuel tiennent à trois grands ensembles de raisons : tout d'abord, des causes psychologiques, le cas le plus fréquent et le plus important ; si, par exemple, vous avez été élevé dans l'idée que le sexe est « sale » et tabou, vous aurez beaucoup de mal à connaître une vie sexuelle épanouie. Des causes physiques ensuite : l'alcool – qui peut perturber l'érection – une infection ou une insuffisante lubrification vaginale qui rend les rapports douloureux. Enfin, une médiocre excitation qui ne permet pas de parvenir à l'orgasme : elle est due à un manque de communication sur ce qui excite et donne du plaisir ou à une méconnaissance des techniques qui permettent d'y parvenir.

Quel que soit le problème, le traiter ouvertement limitera les dégâts qu'il risque de causer à votre relation de couple. Il est vital d'en parler avant que des tensions, une frustration ou une sourde colère ne viennent inévitablement l'exacerber. Même lorsqu'un problème n'atteint physiquement

Piégé et frustré

En cas de problème sexuel, vous pouvez être abattu, découragé, comme s'il n'y avait aucune issue...

qu'une seule personne, toutes les deux éprouveront des difficultés. Vous inquiéter de savoir si l'autre prendra du plaisir peut entraver votre ardeur sexuelle et votre capacité à vous détendre. Que ce problème relève de l'un et de l'autre – une différence de tempérament ou des préférences sexuelles conflictuelles, – ou d'un seul, comme l'impuissance ou la frigidité, elle doit faire l'objet d'un traitement à deux. Bien des couples devraient consulter ensemble un thérapeute : d'une part, ils pourraient exprimer leurs points de vue divergents sur un terrain plus neutre et, d'autre part, des exercices, des pratiques leur seraient proposés de nature à améliorer leur satisfaction à tous deux.

Tout se dire...
Il faut parler de tout dans un couple – aussi bien des problèmes sexuels s'ils surgissent que des joies de l'amour partagé.

Des problèmes sexuels passagers tiennent souvent à un changement circonstanciel : le désir s'amoindrit lorsqu'il y a fatigue, stress, anxiété ou, tout simplement, lorsque l'environnement ne permet pas une intimité suffisante – généralement, une amélioration de ceux-ci suffit à les faire disparaître.

Les problèmes physiologiques que nous allons évoquer ci-après sont très courants. Vous aurez peut-être conscience, dans certains cas, qu'une surcharge psychologique ou une préoccupation d'un autre ordre vient les aggraver. De toute façon, si vous craignez que la cause soit purement physique, consultez d'abord votre médecin avant de chercher d'autres origines ou d'entreprendre une thérapie.

Problèmes masculins

Ils sont principalement de deux ordres, l'un ayant trait à l'érection, l'autre à l'éjaculation. Une défaillance de l'érection peut avoir pour cause la fatigue, la tension ou l'abus d'alcool. La plupart des hommes en ont fait l'expérience un jour ou l'autre mais, si elle est fréquente, il faut s'en préoccuper, sinon elle peut devenir une réponse automatique à l'anxiété éprouvée au sujet des performances attendues. Les deux partenaires doivent conjuguer leurs efforts pour rompre ce cercle vicieux. Il peut suffire de remplacer pendant quelque temps la pénétration par d'autres échanges tendres jusqu'à ce que l'homme ait retrouvé son assurance. L'éjaculation précoce – qui survient plus tôt que souhaitée – affecte particulièrement les jeunes hommes, mais peut aussi se produire à n'importe quel âge. Le remède consiste à redonner maîtrise à l'homme de son plaisir. La technique des « pauses contrôlées » exposée page 121 l'y aidera.

Un autre trouble – beaucoup plus rare – est celui de l'éjaculation tardive : l'homme est dans l'impossibilité de jouir à l'intérieur du vagin ou n'y parvient qu'après un temps très long et au prix de souffrances pour lui-même et sa partenaire. Il peut y avoir une cause physique à ce problème et il est préférable de consulter un médecin avant toute autre chose.

Problèmes féminins

Un nombre important de femmes se trouvent dans l'incapacité, même en étant suffisamment excitées, d'atteindre l'orgasme, et d'autres se plaignent de ne prendre aucun plaisir sexuel. Cela les aide souvent d'apprendre à mieux connaître ce qui les excite sexuellement, les stimule, d'expérimenter elles-mêmes la masturbation, de façon à pouvoir montrer au partenaire comment s'y prendre.

Dans les cas de vaginisme, le muscle constricteur du vagin se contracte spasmodiquement, rendant les rapports douloureux, voire impossibles. Cela peut frapper une femme qui a subi une éducation très répressive en matière sexuelle ou qui a vécu une expérience sexuelle traumatisante. Si la cause est d'ordre psychique, il est préférable de faire appel à un psychothérapeute qui suggérera toute une gamme d'exercices pouvant aider la patiente à se détendre, à réduire sa crainte de la pénétration.

Si les rapports sont douloureux – un trouble appelé dyspareunie – il est bon de consulter un médecin qui recherchera une éventuelle cause physique, telle la mauvaise cicatrisation d'une épisiotomie pratiquée lors d'un accouchement. En outre, une femme qui n'est pas suffisamment excitée avant la pénétration peut en souffrir car la lubrification de son sexe est insuffisante ; dans ce cas, il faut soit améliorer les préliminaires, soit utiliser un lubrifiant vaginal.

PARFUMS ET ÉPICES

Les premiers temps d'une relation amoureuse sont souvent marqués par une très forte attirance sexuelle, qui peut même atteindre une intensité quasi douloureuse. Dans la plupart des cas, ce niveau d'exaltation ne se maintient pas indéfiniment et, lorsque le désir décroît, on peut craindre que ce soit parce qu'on n'a pas fait «le bon choix» pour le parcours d'une vie. Or même les couples les mieux assortis connaissent des hauts et des bas dans leur vie sexuelle. L'idée que celle-ci se maintiendra toujours au niveau de la perfection n'est qu'un mythe.

L'amour à tout âge

Les activités sexuelles, comme toute autre activité pratiquée avec une grande régularité, deviennent facilement routinières, par trop prévisibles. L'excitation est plus lente, se produit moins spontanément, et voilà que faire l'amour n'a pas plus de piquant que d'aller faire les courses du samedi matin. Mais un autre schéma, plus positif, peut aussi s'installer : l'intimité accrue entre les membres du couple leur permet de mieux appréhender les désirs et les sensibilités de l'autre, et de vivre leur sexualité de façon plus détendue.

Nombre de gens croient que la transformation de leurs rapports sexuels vient de ce qu'ils progressent en âge et que le couple est devenu une famille. Certes, en vieillissant, hommes et femmes changent physiquement et répondent différemment aux sollicitations d'ordre sexuel, mais il n'y a aucune raison biologique qui expliquerait la diminution du désir : on peut avoir une vie sexuelle active jusqu'à un âge avancé. Les véritables causes de la baisse du désir seraient plutôt à chercher dans les tensions de la vie moderne, le manque d'adaptation permanente, les pressions qu'exercent familles et carrières et, enfin, le peu de temps laissé à la détente. On l'a vu, certains événements peuvent aussi l'expliquer – deuil, enfantement, etc. – mais, le plus souvent, il semble n'y avoir aucune cause particulière.

Redonner du piquant

Si votre vie sexuelle est devenue un peu fade et que vous avez la certitude qu'aucun problème sérieux n'intervient, vous pouvez redonner du piquant à la chose par des moyens fort simples. Vous n'avez pas à faire les pieds au mur ou à adopter quelque déguisement – tenez-vous seulement prêt à faire preuve d'un peu d'imagination, à avoir l'esprit assez ouvert pour ne pas rejeter *a priori* toute idée d'innovation.

Lorsque vous abordez ce sujet avec votre compagne ou votre compagnon, veillez à adopter une attitude positive. Si vous vous lancez pour commencer dans une phrase telle que : «Pourquoi diable n'as-tu jamais envie de faire l'amour en dehors du samedi soir?», le renouveau risque de se faire attendre! Partez plutôt d'une remarque sur ce qui vous excite ou que vous aimeriez tenter, du genre : «Tu me plais décidément avec cette tenue, j'aimerais que tu la portes en faisant l'amour.» Vous le savez, les goûts diffèrent d'une personne à l'autre; si votre proposition n'est pas bien accueillie, évitez que l'autre ne se sente en porte à faux. De la même manière, si c'est vous qui déclinez une offre, faites d'autres propositions.

RÔLES ACTIF ET PASSIF

Cet exercice vous fera prendre davantage conscience de ce qui vous plaît à l'un et à l'autre. À tour de rôle, jouez un rôle actif tandis que votre partenaire se contraint à une totale passivité. Lorsque c'est à vous d'être actif, faites tout ce que vous pensez devoir plaire à l'autre ; celui-ci, même très excité, ne doit pas participer, mais il peut faire des commentaires, du genre : « C'est très agréable mais c'est trop doux, serre plus fort. » Si cela vous gêne d'exprimer verbalement vos désirs, guidez avec votre main. Au bout d'un moment, intervertissez les rôles : celui qui était passif devient actif et s'occupe alors plus du plaisir de l'autre que du sien propre.

Voici quelques suggestions de nature à raviver vos plaisirs partagés. Essayez toutes celles qui vous paraissent correspondre au tempérament de l'un ou de l'autre. Elles feront peut-être naître en vous de nouvelles idées que vous essaierez à leur tour.

• Massez tout le corps de votre partenaire avec une huile parfumée, sans oublier les mains et les pieds, en variant la force et le rythme de vos mouvements.

• Caressez-vous à tour de rôle avec différentes étoffes : soie, velours, angora, etc. Essayez aussi d'autres objets : une plume de boa qui chatouille ou des billes de bois que l'on fait rouler sur la peau...

• Programmez une soirée où vous prendrez un très long bain ensemble. Achetez-vous pour l'occasion une huile pour le bain relaxante et assurez-vous que rien ne viendra vous déranger. Prenez tout le temps qu'il vous faut pour vous bichonner, lavez-vous les cheveux l'un l'autre, et séchez-vous avec vos serviettes les plus moelleuses.

• Touchez le corps de l'autre comme vous ne l'avez pas encore fait – caressez-le avec votre chevelure, pétrissez-le avec vos pieds, mordillez-le doucement...

• Pour changer, restez partiellement habillés. Une semi-nudité peut être plus sexy que la nudité.

• Trouvez un nouvel endroit pour faire l'amour : essayez le tapis du salon, le sofa ou la douche...

• Organisez un pique-nique dans la chambre à coucher en prévoyant les aliments qui vous semblent excitants : huîtres, œufs de caille, marshmallows, fraises ou gingembre confit. Vous allez mettre des miettes partout, ce n'est pas grave. Amusez-vous !

• Badigeonnez de miel ou de champagne les seins, le nombril ou le cou de l'autre – tout ce que vous voudrez – et débarbouillez-le comme le ferait un chat. Vous serez peut-être un peu poisseux tous les deux mais très excités...

• Pourquoi ne pas pimenter vos ébats sexuels de quelques jeux classiques : jouez à cache-cache et, si vous trouvez l'autre dans un temps donné, vous aurez droit à une faveur spéciale.

• Envoyez-vous des petits mots évoquant ce que vous appréciez particulièrement, glissez un billet osé dans la poche de sa veste ou dans ses chaussures, parmi sa lingerie ou dans sa trousse de maquillage.

• Mettez au point un code, un mot parfaitement innocent mais qui signifiera pour vous deux que vous avez envie de l'autre, et glissez-le dans une conversation à plusieurs ou dans un entretien téléphonique.

Le secret d'un plaisir sexuel partagé et qui dure est d'être capable d'adaptation et de parler ensemble de votre sexualité. Si vous êtes convaincu que ce qui vous a réussi ces dix dernières années vous conviendra parfaitement pour les dix ans à venir, votre vie sexuelle va graduellement fléchir et sombrer. Restez ouvert et réceptif, et elle gardera toute sa richesse.

SOLUTIONS

Page 44 :
L'amour est-il votre drogue ?

Comptez 1 point chaque fois que vous répondez « jamais », 2 points pour « parfois » et 3 points pour « le plus souvent ».

Si vous totalisez de 10 à 15 points :
Vous n'êtes pas un drogué de l'amour, mais vous avez peut-être encore quelque mal à entretenir une relation saine et durable. Examinez attentivement vos réponses « parfois » et voyez si elles n'expliquent pas la brièveté de vos liaisons. Peut-être aussi n'êtes-vous pas drogué par l'amour parce que vous ne recherchez pas une relation du type « tout-ou-rien » et préférez vous servir de votre tête autant que de votre cœur. Dans ce cas, vous êtes sans doute sur la voie d'une union réussie.

Si vous totalisez de 16 à 20 points :
Cela signifie que l'amour tend à être votre drogue. Vos relations sont des montagnes russes qui ne peuvent vous conduire bien loin. Vous allez peut-être prendre conscience qu'il vous faudrait modifier certaines de vos attitudes. La suite du deuxième chapitre pourrait vous y aider.

Si vous totalisez de 21 à 30 points :
L'amour est bel et bien pour vous une drogue. Vous êtes un amoureux de l'amour et butinez d'un ou d'une partenaire à l'autre pour retrouver l'intensité de ces moments où l'on tombe amoureux. Examinez à nouveau les questions pour tâcher de découvrir ce qui vous empêche de goûter une liaison intime et durable. Les informations que vous trouverez dans la suite du chapitre vous aideront probablement.

Pages 82-85 :
Comment naissent vos disputes ?

Les réponses « a » indiquent que le problème n'est pas très grave ; le différend porte bien sur le sujet dont vous débattez, il n'est pas plus profond. Mieux vaut le régler immédiatement en disant exactement ce qui vous perturbe, puis en négociant plutôt qu'en allant vers la dispute.

Ne laissez pas le débat tourner à l'échange de blâmes : limitez vos propos à ce qui vous mécontente dans le comportement de l'autre et aux réactions qu'il provoque en vous. Il vaut mieux être prêt à passer un compromis – si vous avez tendance à vous attarder au-dehors, par exemple, vous devez accepter de limiter ces retards ou donner un coup de téléphone pour les annoncer.

Les réponses « b » ou « c » révèlent des problèmes plus graves qui ne trouveront leur solution que si

vous les affrontez directement. Étudiez attentivement vos réponses et voyez si elles ont un trait commun : est-ce que vous trouvez, par exemple, que votre compagne ou votre compagnon vous sous-estime ? Ou que ses attentes et ses exigences vous ôtent toute indépendance ? Profitez d'un moment où vous êtes tous deux au calme pour aborder ces questions, en évitant les reproches et en vous en tenant à ce que vous ressentez et aux changements que vous voudriez introduire (voyez aussi « L'art de la négociation », pages 100 à 103). Faites connaître vos pensées et vos sentiments aussi précisément que possible ; ne faites pas l'hypothèse, si intimes que vous puissiez être, que l'autre les connaît parfaitement. Vous devrez également le ou la laisser s'exprimer et l'écouter réellement. Une dispute naît bien souvent d'un simple malentendu : une bonne communication peut clarifier la situation la plus explosive.

Pages 112-113 : Quel est votre savoir en matière de sexualité ?

Voici les réponses correctes :

1 b. Au cours des quarante dernières années, l'âge des premiers rapports sexuels est passé de 22 ans à 17 ans et quelques premières caresses s'échangeraient vers l'âge de 14 ans.

2 c. L'érection peut se produire et disparaître un grand nombre de fois sans entraîner de troubles. En réalité, ce qui pourrait être dangereux, c'est de la maintenir à tout prix car cela crée une anxiété qui peut conduire à l'impuissance.

3 c. L'érection de la pointe des seins est le premier signe d'excitation chez la femme. Quand celle-ci s'accroît, le cercle plus sombre tout autour, l'aréole, gonfle. Le vagin commence plus tard à s'humidifier pour faciliter la pénétration. Chez les hommes comme chez les femmes, l'afflux de sang se produit juste avant l'orgasme ou pendant.

4 b. La fréquence des rapports sexuels change avec l'ancienneté d'une relation. En règle générale, plus la relation est récente, plus les rapports sont fréquents. Les plus jeunes font l'amour plus souvent et la fréquence passe à une ou deux fois par semaine quand on s'achemine vers la quarantaine.

5 a. Parmi les hétérosexuels, les jeunes hommes célibataires ont le plus grand nombre de partenaires, suivis de près par les jeunes femmes célibataires. Le niveau d'expérience sexuelle est plus semblable de nos jours d'un sexe à l'autre que jamais auparavant.

6 b. Lorsqu'une femme commence à être excitée, son clitoris se dresse mais, lorsque l'excitation arrive au point culminant, il se rétracte sous un repli des lèvres du vagin. Cela peut faire croire à un homme que la femme n'est pas suffisamment prête et à celle-ci que son clitoris est trop petit pour qu'on puisse le voir. Ce dernier est, certes, petit – de la taille d'un pois – mais il est très sensible et ce repli de peau le protège pour que le contact ne devienne pas douloureux.

7 b. D'un point de vue physiologique, la taille du pénis n'a aucune incidence sur le plaisir soit de l'homme, soit de la femme. L'idée que les hommes ayant un grand pénis sont de meilleurs amants est très ancienne et a marqué l'image de soi du mâle ; les femmes ont cru ce mythe, en partie par ignorance de leur propre sexualité. Cela a changé depuis que celle-ci est mieux connue.

8 b. De nombreuses femmes apprécient les rapports sexuels sans parvenir à l'orgasme. Celui-ci est le summum du plaisir en ce domaine, mais la chaleur de l'intimité peut être tout aussi satisfaisante. Les hommes peuvent également connaître le plaisir sans orgasme, mais ils ont du mal à abandonner les mythes concernant l'éjaculation (voir la question n° 2).

9 b. Les hommes homosexuels ont des pratiques sexuelles aussi variées que celles des couples hétérosexuels. Des pénétrations anales peuvent faire partie de leurs rapports, mais c'est beaucoup moins fréquent qu'on ne le croit. Une mutuelle masturbation et des rapports bucaux sont appréciés par les homosexuels des deux sexes.

10 a. Cette ruse peut souvent masquer les raisons pour lesquelles un homme éjacule prématurément. À l'occasion, il est possible d'y recourir, mais cela gâte le plaisir et peut conduire à des troubles de l'érection, car l'homme trouve de plus en plus difficile de se concentrer sur le plaisir sexuel. Les hommes qui souffrent régulièrement d'éjaculation précoce devraient envisager une thérapie offrant toute une gamme de techniques destinées à traiter ce problème.

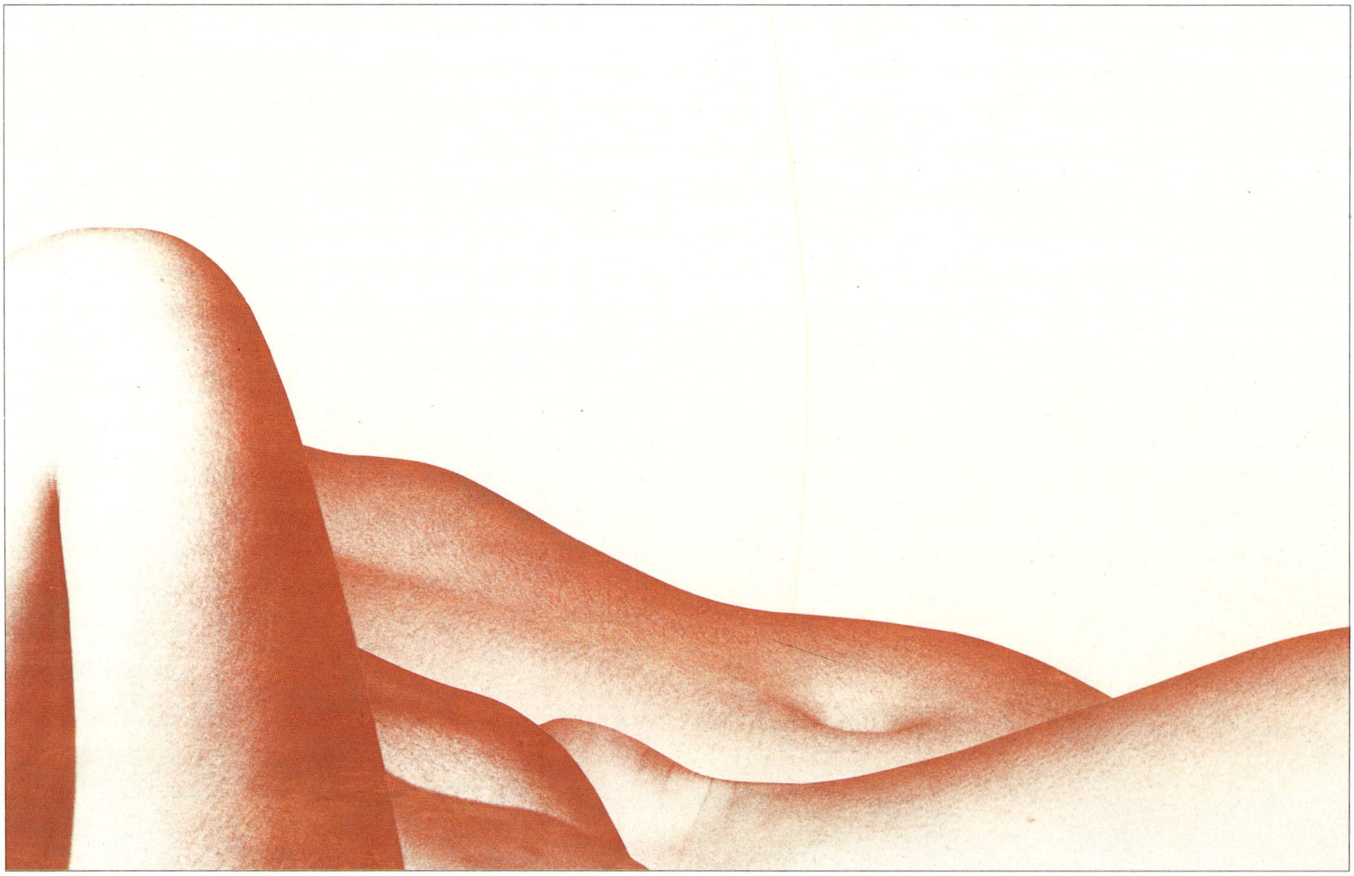

Pages 114-117 : Êtes-vous sexuellement satisfait ?

Les « a » l'emportent : beaucoup pourraient vous envier votre relation sur le plan sexuel. Vous exprimez facilement vos demandes. Vous savez que tout ne va pas de soi dans ce domaine. Maintenez le niveau et la qualité de votre communication.

Les « b » l'emportent : vos besoins sexuels ne sont satisfaits qu'irrégulièrement. Il faut vous demander si vous faites bien connaître ce que vous voulez vraiment. Améliorez la communication entre vous et cela ira mieux. Vos connaissances en matière sexuelle pourraient aussi être complétées.

Les « c » l'emportent : vos besoins sexuels sont rarement satisfaits. Cela peut venir du fait que d'autres aspects de votre relation vous rendent également malheureux ou que votre partenaire souhaite modifier votre comportement habituel. Voyez si cette relation vous convient bien ou consultez un spécialiste pour étudier ces problèmes.

Pages 126-127 : Quel est votre style ?

Voyez ci-dessous à quels types d'attitudes correspondent vos réponses :

Romantique
1, 3, 9, 10, 15, 24, 33, 42, 46, 48

Pratique
7, 12, 16, 18, 22, 29, 32, 36, 44, 49

Aventureux
4, 11, 20, 21, 25, 26, 27, 39, 41, 50

Expert
2, 5, 6, 13, 19, 23, 30, 34, 38, 45

Sensible
8, 14, 17, 28, 31, 35, 37, 40, 43, 47

INDEX

Les nombres en italique renvoient aux illustrations et ceux en gras aux tests et exercices

BIBLIOGRAPHIE

Barbara De Angelis, *Are You the One for Me ? : Knowing Who's Right and Avoiding Who's Wrong*; Thorsons, Londres, Royaume-Uni, 1992

Paul Brown et Carolyn Faulder, *Treat Yourself to Sex – A Guide for Good Loving*; Penguin, Londres, Royaume-Uni, 1989

Eric Berne, *Des Jeux et des hommes*; Éditions Stock, Paris, 1984

Eric Berne, *Sex in Human Loving*; Penguin, Londres, Royaume-Uni, 1970

Jonathan Gathorne-Hardy, *Marriage, Love, Sex and Divorce*; Simon & Schuster Limited, Londres, Royaume-Uni, 1981

Celia Haddon, *L'Amour comme solution*; Éditions de l'Homme, Montréal, Canada, 1985

Susan Jeffers, *Dare to Connect*; Judy Piatkus (Publishers) Limited, Londres, Royaume-Uni, 1992

Susan Jeffers, *Feel the Fear and Do It Anyway*; Arrow Books, Londres, Royaume-Uni, 1991

Dan Kiley, *Le Syndrome de Peter Pan*; Éditions Robert Laffont, Paris, 1985

Dan Kiley, *The Wendy Dilemma : Do You Mother Your Man ?*; Arrow Books, Londres, Royaume-Uni, 1985

Sarah Litvinoff, *The Relate Guide to Better Relationships*; Vermilion, Londres, 1991

Sarah Litvinoff, *The Relate Guide to Sex in Loving Relationships*; Vermilion, Londres, Royaume-Uni, 1992

Sarah Litvinoff, *The Relate Guide to Starting Again*; Vermilion, Londres, 1993

Pia Mellody, *Vaincre la dépendance*; Éditions J'ai lu, Paris, 1992

Anne Moir et David Jessel, *Brainsex*; Michael Joseph Limited, Londres, Royaume-Uni, 1989

Robin Norwood, *Ces femmes qui aiment trop : radioscopie des amours excessives*; Éditions de l'Homme, Montréal, 1992; Éditions J'ai lu, Paris, 1993

George et Nena O'Neill, *Open Marriage – A New Life Style for Couples*; Peter Owen, Londres, Royaume-Uni, 1973

M. Scott Peck, *Le Chemin le moins fréquenté : apprendre à vivre avec la vie*; Éditions Robert Laffont, Paris, 1987; Éditions J'ai lu, Paris, 1990

Judith Pintar, *The Halved Soul : Retelling the Myths of Romantic Love*; Pandora Press, Londres, Royaume-Uni, 1992

Victoria Secunda, *Women and Their Fathers*; Cedar, Londres, Royaume-Uni, 1993

Sandra Sedgbeer, *Sex, Lies and Love*; Simon & Schuster Limited, Londres, Royaume-Uni, 1992

Deborah Tannen, *That's Not What I Meant !*; Virago Press, Londres, Royaume-Uni, 1992

Deborah Tannen, *Décidément, tu ne me comprends pas ! : comment surmonter les malentendus entre hommes et femmes*; Éditions Robert Laffont, Paris, 1993; Éditions J'ai lu, Paris, 1994

Maryon Tysoe, *Love Isn't Quite Enough : The Psychology of Male – Female Relationships*; Fontana, Londres, Royaume-Uni, 1992

SOURCE DES ILLUSTRATIONS

Dessins

Gail Armstrong, David Ashby, David Atkinson, Maria Beddoes, Bill Le Fever, Louise Fairchild, Roy Flooks, Steve Rawlings, John Spencer

Maquettes et accessoires

Atlas Models, Dualit Ltd, Peter Griffiths, Mark Jamieson, John Lewis Partnership, Revelation Luggage, Mike Shephard

Photographies

Michel Focard de Fontefiguieres, Mark Hamilton, Neil Phillips, Mark Preston, Jonny Thompson, Alex Wilson

Remerciements

Les éditeurs remercient les personnes et agences qui suivent pour leur avoir permis de reproduire leurs photographies :
The Image Bank/*In Focus International*/*Martin Hooper* 98 (au centre)
Kobal Collection/*Selznick—MGM* 122 (en bas, à gauche)
Frank Lane Picture Agency/*John Watkins* 109 (en bas, à droite)
Frank Lane Picture Agency/*R. Wilmshurst* 109 (en bas, à droite)
Pictor International 43 (en bas, à droite)
Royal Ballet 28 (en haut, au centre)
Toute erreur ou omission serait involontaire. Si, malgré tout le soin apporté, l'une ou l'autre était signalée, le remerciement approprié serait inséré dans toutes les futures rééditions de cet ouvrage.